secession

secession

CHRISTOPH GEISER
WERKAUSGABE
BAND 4

Herausgegeben von
Moritz Wagner und
Julian Reidy

Christoph Geiser

Das geheime Fieber

Roman

CHRISTOPH GEISER

Das geheime Fieber

ROMAN

Erste Auflage
© 2023 by Secession Verlag Berlin
Alle Rechte vorbehalten
Lektorat: Christian Ruzicska
www.secession-verlag.com

Gestaltung und Satz: Eva Mutter, Barcelona

Herstellung: Daniel Klotz, Berlin
Druck und buchbinderische Verarbeitung:
Friedrich Pustet, Regensburg
Papier Innenteil: 90 g/m² Salzer EOS
Papier Vor- und Nachsatz: 120 g/m² Peyer Surbalin
Gewebeüberzug: Peyer Baronesse
Gesetzt aus Cormorant Garamond

Printed in Germany
ISBN 978-3-96639-062-0

Für Andres

Nur ein Bild kann einem ganz gefallen,
aber nie ein Mensch. Der Ursprung der Engel.

Elias Canetti

Der Hintergrund ist leer, der Leib verliert sich in der Dunkelheit, Licht fällt nur auf den Kriegshelm und von da als Abglanz fahl auf das Gesicht. Der Kampf ist aus, die Schlacht gewonnen, doch es freut ihn nicht. Kein Triumph, nur Unerbittlichkeit. Das Gesicht ist alt und krank, mit einem frostigen Schnurrbart, staubig wie der Federbusch. Kein Kriegsgott aus dem Altertum, dem man den nackten Schlaf eines befriedigten jungen Kriegers zutraut. Der leidet an Schlaflosigkeit, ein Stratege der Vernichtung, unbefriedigt. Er kann nicht aufhören zu siegen, doch da ist nichts, was noch zu besiegen wäre. Es ist erledigt, weggeräumt, zerstört. So soll es bleiben, in der Finsternis, zerstört. Wachsam schaut er in den Abgrund nieder, stumm.

Staubiges, gedämpftes Licht; bärtige Greise an den Wänden, alte Weiber, Säufer, Sektenprediger und ein vom Alkohol schon aufgeschwemmter junger Geck, das Selbstbildnis. Nein, so stellt man sich den Kampf mit einem Engel nicht vor. Kein Kampf, kein Engel; kein Mann, mit dem ein anderer Mann bis zur Morgenröte um den Segen ringen muss, ein Weib in einem Nachthemd, mit dem fürsorglichen Blick einer Krankenschwester, während Jakob tief nach innen blickt, nachdenklich, als spüre er den Schmerz nicht. Kein Schmerz, nur dieser tiefe Blick nach innen. Kein Schrei. Kein Unterleib, der da verrenkt wird. Stoff bloß, viel Stoff.

Unberührbar.

Wenn man den Bildern an der holzgetäferten Wand zu nahetritt, heult die Alarmanlage los.

Hier, ausgerechnet bei Rembrandt, den ich nicht mag, hieß mich der Museumspförtner warten.

Rembrandt ist mir zu pastös; verschwommen; dumpf wie im Alkoholdämmer. Natürlich weiß ich, dass dieses Braun bloß das Ergebnis einer chemischen Zersetzung ist, die Farbe ist nachgedunkelt und verkommen. Doch auch die Figuren sind verkommen, muffig, furchtbar erwachsen, reife Persönlichkeiten aus dem Mief einer verfilzten, kleinstädtischen Welt; unveränderbare Charaktere; enge Räume, denen die Luft fehlt; Kerzenlicht, dieses innerliche Leuchten, der verinnerlichte Glanz kommt immer von den Kerzen, man glaubt zusehen zu können, wie die Kerzen allen Sauerstoff aufzehren.

Rembrandt, in ältlichen Museumssälen, stinkt.

Ich warte da schon lange, auf meinem Bänkchen, zwischen den Persönlichkeiten, die nicht zum Leben zu erwecken sind – Figuren eben, Bilder. Ich habe eigentlich kein Bild gesucht, wieder einmal als Tourist in einer Großstadt.

Ein Männerbildnis – zwischen Moses, der die Gesetzestafeln zertrümmert, und dem Mennonitenprediger mit seiner Frau – das Bildnis eines Kaufmanns oder Zunftmeisters in den besten Jahren: Mich müsste man im Stile Holbeins malen, sagt der Restaurator, während er mich komplizenhaft und leise, wie es sich an diesem Ort gehört, durch die Tapetentür entführt.

Hinter den Bildern beginnt das Labyrinth; ein langer Gang, kahl, neonhell, Panzertüren an beiden Enden; ein Bunker, sagt der Restaurator; mit seinem Schlüsselbund öffnet er Zwischentüren, Lifttüren: ein leerer Fahrstuhl für sperrige Gegenstände. Hinter uns schließt er alle Türen wieder ab.

Ein Flakbunker, kurz nach Kriegsende, Plünderer mit Fackeln, die wahrscheinlich nach Lebensmitteln suchten und in der Hast, aus Enttäuschung oder Zorn, alles in Brand steckten; Christus am Ölberg ist verbrannt, Matthäus mit dem Engel ist verbrannt, nur der da ist uns geblieben, sagt der Restaurator: Aber er nervt mich.

Eine Fensterfront auf kahle Betondachterrassen, Baumwipfel in größerer Entfernung, unter diesigem Himmel. Hohe weiße Wände, Neonröhren. Ein Labor, das Behandlungszimmer einer Arztpraxis, mit dem Instrumentenwagen des Chirurgen, Fläschchen, Schälchen, Watte, Gaze, Pinsel; es riecht auch so, aber viel diskreter als in einer Praxis, aseptisch, nach *fast* gar nichts. Über dem Telefonapparat hängt ein vervielfältigter Zettel mit Rufnummern, das Alarmsystem im Falle einer Bombendrohung.

Der hat den Krieg, die Zerstörung dieser Stadt ohne Schaden überstanden – und er grinst, als hätte er das Chaos selber angerichtet; das einzige Bild, das von ihm übrig ist hier in Berlin, auf einer gewöhnlichen Staffelei, am Fenster.

Ich bin froh, wenn ich ihn wieder rausschmeißen kann, sagt der Restaurator, aber es dauert, er muss immer wieder trocknen.

Ein langwieriger Prozess: Begutachtung des Zustandes, Röntgenaufnahmen, weil aus kunsthistorischen Gründen alles geröntgt wird heute, Probeputz, Abnahme des Firnisses, dann erst fängt die Arbeit an; Löcher flicken, Risse kitten, die Farbe vorsichtig erneuern. Doch in den Kernreaktor, zur Bestimmung der verwendeten Materialien, aufgrund der Halbwertszeiten, kommt der nicht, weil seine Authentizität ohne Zweifel feststeht, der muss nicht abgeschrieben und neu zugeschrieben werden (wie sie sagen), der ist dokumentarisch nachgewiesen (wie es heißt), ein seit fast vierhundert Jahren weltberühmtes Bild.

Ein Schreck – und eine unbestimmte Neugier; keine Ahnung von dem Ruhm, dem Maler, ich verstehe nichts von Kunstwissenschaft, bin kein Historiker, sondern Schriftsteller, beschäftigt mit meiner eigenen Zeit, den Lebensumständen heute, in den kleinen Städten, meinen eigenen Umständen; bemüht um Aussagen ... Wörter müssen immer etwas aussagen, sonst sind es sinnlose Wörter, Bilder sind stumm; keine Antwort; nichts darf man erwarten – das macht mich selber stumm; Museumsbesuche aus Verlegenheit, bei Tag, allein in einer Großstadt – in diesen Großstädten lebt man nachts, darum fährt man hin –, schon ein wenig überdrüssig dieser Kunstobjekte. Ein Ausstellungsgegenstand zwischen anderen Ausstellungsgegenständen im gedämpften Licht, nur der dargestellte Gegenstand in den Augenwinkeln; beim ersten Blick ein Lächeln, Neugier, Irritation: Nacktheit plötzlich – zwischen all dem Stoff, dieser Verkleidung.

Weggeräumt, beim nächsten Mal – »in Restauration«.

Und jetzt stehe ich vor dem international geschätzten Fachmann, ohne Rechtfertigung für meine Neugier; verlegen, ein Laie in diesem wissenschaftlichen Raum, der sich mit laienhaften Fragen bloßstellt, frage ich als Erstes nach dem Preis – Gewohnheit schon, fast ein Reflex.

Wieviel?

Halblaut, knapp, wie nebenbei; eine leise Kapitulation – weil man sich blindgestarrt hat, weil es sein muss, weil es anders nicht zu haben ist.

Der Restaurator lächelt. Wer den einmal besitzt, der gibt ihn nicht mehr her; und was nicht käuflich ist, hat höchstens für die Versicherungen einen irrealen, viel zu tiefen Preis.

Das Stück, sagt der Restaurator, bleibt natürlich hier; aber angenommen, wir wollten ihn verkaufen, so käme er nach Santa Barbara in Kalifornien, die Getty Foundation ist das einzige Museum auf der Welt, das weltberühmte Bilder noch bezahlen kann und folglich ihren Handelswert bestimmt.

Millionen oder Milliarden – Dollar natürlich; ein unbezahlbares Stück, so oder so.

Nicht zu haben; Abwehr. Jeder wird hier zunächst zwiespältig reagieren, mit einem Reflex, einer Grimasse, einem Lächeln.

Ein ironisches Bild; künstlerisch bedeutend, das bestreitet auch der Restaurator nicht, obwohl er den ebenso weltberühmten Früchtekorb in Mailand entschieden lieber mag: das erste Stillleben der Neuzeit, das schönste Stillleben überhaupt – das solltest du auf jeden Fall im Original gesehen haben, auch sonst ist Mailand sehenswert – eine Geschmacksfrage natürlich, Privatsache.

Ein geschmackloses Bild; wäre es nicht so offen geschmacklos, wäre es Kitsch – ich mag Kitsch, sagt der Restaurator, Kunst *und* Kitsch; er sammle beides, hart nebeneinander aufgehängt und aufgestellt, so habe er den Unterschied vor Augen.

Ein zweifelhafter Unterschied, der zu professionellen Vermeidungszwängen führt und Angst macht, vor jedem Ausdruck von Gefühl; doch von Bildern lasse ich mich leicht verführen ... ich fürchte Bilder.

Ein unmögliches Bild; hier stimmt doch einiges nicht. Mit seinem Zeigefinger, der sich gar nicht scheuen darf, diesen unbezahlbaren Kunstgegenstand zu berühren, streicht der Restaurator von dem kleinen Fettpolster der verborgenen Arschbacke über die leere Fläche des finsteren Hintergrundes bis zum rechten Bildrand: eigentlich sitzt der nämlich auf einer Holzbank, nachträglich übermalt, die Radiographie beweist es.

Von nahem lichtet sich das Dunkel; ein brauner Schimmer, wie verschmierte Farbe, zieht sich in der Verlängerung der Tischkante bis zum Rand. Ein Brett eher, die einfachste Form einer Bank, eine Sitzfläche in einem dunklen Raum; ein unbegrenzter Nachtraum, nach oben offen, unbestimmbar tief, in den von irgendwoher starkes Licht einfällt, gezielt, aber ohne dass eindeutig zu sagen wäre, wo und welcher Art die Quelle dieses Lichtes sei, weil der Raum zu dunkel ist für Schatten – als wäre das Licht eine Eigenschaft der dargestellten Gegenstände, die von selber leuchten, strahlen. Kein Kerzenlicht, ein fotografisches Licht, von innen und von außen, der Scheinwerferstrahl eines Flutlichtes jenseits des Bildraumes, des Kunstraumes – dass es ein Innenraum sein muss, sehe ich erst jetzt, nach Abnahme des Firnisses, im Hellen, wegen der Andeutung des Bretterbodens; kein Parkett, nur unlackiertes dunkles Holz, Planken, die sich in der Finsternis verlieren, aber eindeutig ein Boden, ein kleiner feister Fuß mit krummen Zehen, Schmutzränder unter den Zehennägeln.

Weit beuge ich mich vor, zu dem vorwitzigen Fuß zwischen den achtlos verstreuten Dingen, auch ein Stillleben.

Die Himmelskugel, sagt der Restaurator, hat er ihm nachträglich unter den Arsch geklemmt, auf Verlangen vielleicht, oder aus Übermut, weil die Bank ihm zu wenig war, der Allegorie zuliebe; alles musste in jenen Zeiten allegorisch sein, doch die Allegorie wird hier schon nicht mehr ernstgenommen.

Nein – der sitzt nicht auf der Sternenkugel, der scheißt drauf, auf die Sterne scheißt der, wischt sich ab, kratzt sich am Arsch, der scheißt auf alles, was seinen Zeitgenossen wichtig war.

Laute, Barockgeige, Notenheft, Winkel, Zirkel, Kriegsrüstung, Lorbeerkranz, ein umfangreiches Manuskript, engbeschrieben, aber in unlesbarer Schrift, ein Zepter natürlich, eine Krone, liebevoll gemalt, mit Akribie – für nichts; ein Chaos aus Kunst und Wissenschaft, aus Literatur und Staatskunst, Gerümpel, damit hat er bloß gespielt, bis er auch das leid war.

Sanft scheint sich der nackte Leib dem starken Licht hinzugeben, schon nachzugeben unter der Gewalt des Lichtes, lebensgroß zwischen diesen klinisch kahlen Wänden, entblößt vor dieser Fensterfront – mit Pflästerchen auf Brust, Bauch, Schenkel (Löcher, die unter dem Firnis verborgen waren), Narben, die zu jedem Bub gehören, verschrammt und ungewaschen, von der Straße weg, in einer dunklen Kammer, die zum Weltraum wird – nicht leer, unendlich, kalt – sondern ungeduldig, auf der erstbesten Unterlage.

Willst du zu ihm, in den Dunkelraum? Der Restaurator spürt doch, dass ich starre, leicht gebückt, die Hände in den Hosentaschen; diesen Fuß, diesen Leib anstarre, dieses Brustwärzchen, dieses Schwänzchen, furchtbar unreif.

In den darfst du dich nicht verlieben.

Alles liegt ihm doch zu Füßen: Amor vincit omnia.

Der nackte Hohn – mit Flügeln.

Die Adlerflügel, sagt der Restaurator, sind ein kunsthistorisches Zitat; du kennst den Ganymed von Michelangelo, diesen üppigen Knabenleib mit dem manieristisch weggedrehten Kopf, den der lüsterne Adler mit den großen Schwingen von hinten nimmt und in den Himmel trägt. Du musst dir nur den schnäbelnden Raubvogelkopf und die gefiederte Brust wegdenken.

Zärtlich, als gehörten die dunklen Schwingen tatsächlich einem anderen, unsichtbaren Wesen in dem Bild, streichelt die äußerste Federspitze den nackten angewinkelten Schenkel – und deutet übrigens, sagt der Restaurator, auf dieses grässliche Schwänzchen, das ostentativ in der Bildmitte baumelt und dazu noch auf einen Halbkreis mit den Pfeilen in der Hand des Knaben komponiert ist, ein Halbkreis, den der Bogen hinter seinem Rücken wieder aufnimmt, als versteckter Spannungsbogen, kunstvoll; die Sehne, übrigens – da musst du schon genau hingucken: ein verspieltes Detail, das unter dem Schmutz verborgen war –, die Sehne ist gesprungen: der Junge kann noch gar nicht schießen – der grinst bloß, über all die allegorische Bedeutsamkeit, über sich selber grinst er, als Verkörperung der Liebe.

Der Kopf ist zu klein, zu schwach, um diesen schweren, sinnlichen Leib zu halten, der schon hinsinkt, auf die übermalte Bank, in die intime Dunkelheit einer realen Nacht.

Das Zeitalter des Concetto, sagt der Restaurator, ein Spiel mit überlieferten Bedeutungen, versteckte Anspielungen, Zitate, wahrscheinlich eine Persiflage auf den armen Michelangelo, den verklemmten Schwulen, den Sehnsüchtigen, Leidenden, dem es womöglich ernst war mit seinem idealisierten Marmormannsbild in Florenz, dem »Sieg«. Schwul, sagt der Restaurator, waren doch auch seine Nachfolger, diese Manieristen, fast eine Mode, als hätten sie noch das von Michelangelo kopiert – aber ins Süßliche verkehrt; der ist wenigstens nicht süßlich, nicht einmal süß, auch darum ist es kein Kitsch, sondern eine Provokation, gegen diese Moden, diese Idealisierung.

Der erste Naturalist der Kunstgeschichte – heißt es.

Sieht doch echt aus; für die Detailfotografie, angefertigt zum Vergleich, nach dem Probeputz, hat der Restaurator den Firnis nur über den Lenden weggemacht; wie der Schatten altmodischer oder schon wieder modischer Badehosen, nach einem geilen Sommer. Kein Bild eines Bildes mehr; eine dieser Postkarten, die man nicht mehr nur in den einschlägigen Läden kaufen kann, sondern an den Kiosken der einschlägigen Großstädte, auch eine Mode: der Torso eines nackten Knaben, ohne Flügel, hingegossen, reif schon, anonym, schwarz-weiß, etwas unscharf, echt scharf.

Nein, natürlich darf man das nicht ernstnehmen, das Bild, den dargestellten Gegenstand; aber warum verhöhnt einer die Liebe – missbraucht die Liebe als Anlass für eine Provokation – aus artistischen Gründen nur? Das glaube ich keinem Maler, dem schon gar nicht; seine Biographie müsste man kennen, die Identität seiner Modelle ...

Wie heißt der Bub?

Die zweite Frage, die sich irgendwann von selbst ergibt, erst später meist, wenn man sich einig ist und die Umstände für einen Augenblick vergisst.

Ein Giovan Battista, »der bei den Bänken wohnt«, taucht immer wieder in den Quellen auf – Modell des einen oder andern Engels, der Johannesknaben, des Isaak, der geopfert werden soll; ein religiöser Maler, einer der bedeutendsten religiösen Maler überhaupt, doch das Modell war angeblich eine Bardassa, eine Marchetta, wie in Rom die Stricher heute heißen. Irgendeiner – den er nachher nicht mehr kennen wollte, vor Gericht.

Was heißt schon ›schwul‹ zu jener Zeit; die standen halt auf solche Knaben – sagt der Restaurator, während er aufräumt, seine Fotografien wegräumt, er will Feierabend machen; nicht mein Fall; in seiner Wohnung, sagt er, würde er den nicht ertragen, der erschlägt doch alles, ist zu aufdringlich; in einem dämmrigen Museumssaal, zwischen anderen Bildern, die ihn etwas dämpfen, ist er am rechten Ort; dort soll er wieder hängen, sobald wie möglich. Doch zunächst muss man ihn wieder einmal ausleihen, nach Neapel diesmal, für eine große Ausstellung. Eine Staatsaktion, weil er so weltberühmt ist; dann kommt er in die Kiste, vollklimatisiert, damit er keinen Klimaschock erleidet, und der Restaurator muss ihn begleiten, um aufzupassen, dass man ihn nicht aus Faulheit schon im Treppenhaus, wo es zugig ist und feucht, aus der Klimakiste packt, sondern erst oben, in den abgedunkelten Museumsräumen, streng bewacht und hoch versichert.

Ein nackter Bub auf einer Holzbank, nichts sonst, wenn ich mir die Zutat, das Stillleben wegdenke. Haut und Fleisch zum Greifen. Das ist nicht irgendeiner, das sind alle, alle zusammen in einem.

Der Kopf eines Halbwüchsigen, fünfzehn-, sechzehnjährig, dem ich die Haare aus der Stirne streichen möchte, während er, ganz weggeräumt noch, lächelt – geniert ein wenig, weil er sich einem wildfremden Schwulen hingegeben hat, in irgendeinem Hotelzimmer, einer einschlägigen Pension – amüsiert von der Erregung, aber befriedigt – versöhnlich nach dem geilen Spiel; das Schwänzchen eines Zwölfjährigen – nichts kommt, wenn es ihm beim Spielen plötzlich kommt – geil, aber verboten heute, auch in den größten Städten unberührbar, damals bloß ein wenig sündig; Pubertätsspeck an den Flanken, für die Gier der Hände, zum Kneifen wenigstens. Der Torso, endlich, wie im Liegen dargestellt, ist schon erwachsen.

Ein geiler Leib aus nichts als Licht.

Alles andere verliert sich in dem unbestimmten Raum, wie in einem hellbeleuchteten Spiegel.

Dem Gesicht des Malers traue ich nicht – blassgrau, in Bleistift ausgeführt, eine Skizze. Sinnliche Lippen, ein Schnurrbart, ein Kinnbärtchen, eine flache Nase mit geblähten Nüstern, stark geschwungene Brauen, erstaunt, verwundert oder hochmütig, übertrieben fast, wie auf einem Robotbild, angefertigt für die Fahndung, aufgrund der Aussagen von Tatzeugen und Opfern, als er schon über dreißig war und interessant genug für eine Porträtzeichnung von fremder Hand. Kaum nach der Natur gefertigt: der saß doch keinem Konkurrenten. Mit Sicherheit überliefert sind seine Waffen, hingekritzelt vom Gerichtsschreiber in den Prozessakten, als Corpus delicti. Dolch und Schwert. Keine Briefe, keine schriftlichen Selbstzeugnisse, dafür hatte er keine Zeit; eine eidesstattliche Erklärung in den Dokumenten seiner Heimatgemeinde Caravaggio bei Bergamo, dass er am 25. September 1589 achtzehn Jahre alt sei, ein zweifelhafter Eid, aus praktischen Gründen wohl zu früh geschworen. Eine obskure

Aussage über seine Freunde, seine Feinde: die einen reden mit ihm, das sind seine Freunde, die anderen, die nicht mit ihm reden, seine Feinde. Unzuverlässige Schutzbehauptungen vor Gericht. Legenden, verbreitet von missgünstigen Zeitgenossen, Polizeirapporte, Berichte über einen Totschlag, einen Mord.

Die Bilder. Wenige eigentlich, über die ganze Welt verstreut, die meisten in Italien. Ein kleines Werk, das ausfranst an den Rändern in die Zuschreibungen, Kopien aus der Zeit, vieles ist noch ungesichert.

Nur eine einzige Bildunterschrift ist eigenhändig – halb zerstört inzwischen, kaum zu entziffern auf der Reproduktion.

»F Michel A« – ins Blut geschrieben.

Die Hände sind immer zu groß, ausgestreckt in den Nachtraum.

Durch die Leinwand hindurch stößt die Hand in eine andere Welt.

Die Arme wollen den Auferstandenen umarmen und zugleich eine Brücke schlagen, zwischen dem Betrachter einer späteren Zeit und der zeitlosen Kraft in der Nacht.

Nur Nacht; die Gewalt der Erscheinung hat das Dach weggeklappt, die Wand ist bloß ein Schatten, und der stimmt nicht.

Noch immer wartet das Stillleben darauf, gegessen zu werden; ein gebratenes Huhn, mit hilflos gestreckten Beinen, dem Brot ist nicht anzusehen, dass es gesegnet ist, Wasser und Wein in den Krügen, eine gedeckte Tafel, im Kneipenlicht eines gewöhnlichen Gasthauses; doch das andere Licht, das von der Erscheinung ausgeht, hat die Einfallswinkel durcheinandergebracht, die Schatten verdrängt.

Der Früchtekorb ist auch erschrocken, weggeschoben von den Händen im Schreck, an den äußersten Rand; nach den Regeln der Schwerkraft müsste er längst von der Tischkante kippen, in die gegenwärtige Welt, vergessen in der anderen Wirklichkeit, während die Hände einzig versuchen, es zu fassen, das Fremde, dieses plötzliche Licht über dem Brot, in der Luft, in der Nacht, an der Armlehne des Sessels – zu groß.

Immer stimmt etwas mit dem Lichteinfall nicht, mit den Schatten, den Winkeln, der Schwerkraft; irgendetwas kippt, bei genauer Beobachtung, immer; die Zentralperspektive bleibt unsicher, keine Logik im Bildraum; die korrekte perspektivische Verkürzung gelang ihm bis zum Schluss nicht; er hatte nicht ordentlich zeichnen gelernt.

Ein schwieriger Lehrling, vaterlos.

Man starb, und das war alltäglich; die Säuglinge starben, die Kinder, die Eltern, die jungen Männer, die Frauen starben im Kindbett, der Bub konnte froh sein, dass er nicht schon als Kleinkind gestorben war. Sterben als demographisches Problem, die Kurve blieb flach, die periodischen Ausfälle unter den zeugungsfähigen jungen Männern waren nicht aufzuholen.

Zwar waren die Türken vorerst besiegt; doch die Seuche dezimierte ganze Generationen. Es half wenig, alles zu verbrennen, was aus verdächtigen Gebieten kam, wertvolle Stoffe, Nahrungsmittel, ganze Schiffsladungen, die Schiffe – die Seuche breitete sich dennoch aus. Den Rattenflöhen war nicht beizukommen; Ratten sind zäh.

Sitzt die Seuche einmal in der Stadt, so hilft auch kein Feuer mehr. Die Lymphknoten schwellen an, brechen auf, der Eiter steckt andere an, deren Lymphknoten anschwellen, nicht aufbrechen, die geringste Verletzung genügt, schließlich kommt der Tod durch die Luft, als Tröpfchen, in die Lungen.

Dann kann man nur noch beten, oder flüchten, aus der verseuchten Stadt aufs Land, schon selber verseucht; so starben sie dort, auf dem Dorf: Großvater, Vater und Onkel, auf einen Schlag, an der Pest.

Plötzlich, mit nur sechs Jahren, war der Bub der älteste Mann der Familie; die anderen waren jünger; die Mutter lebte noch eine Weile, dann starb auch sie.

Er war vierzehn, als er in die Lehre kam; sein Meister, ein Manierist, die einzige Vaterfigur.

Wollte er Maler werden, nichts als Maler? Der artige kleine Bub, der brav am Tisch sitzt und versonnen, als würde er nach innen blicken, eine Frucht schält, selbstvergessen, als wäre dies seine Lebensaufgabe – auf einem seiner ersten noch lehrlingshaft unbeholfenen Bilder, einer Auftragsarbeit, brav eben.

Warum ausgerechnet Maler? Dem Vater zuliebe, der Architekt gewesen war?

Ein unruhiger Bub, klein für sein Alter, unfähig, längere Zeit stillzusitzen, immer wieder von vorn anzufangen, bis es gelang: vaterlos, zuchtlos, verwildert, mit dieser kränklichen Mutter.

Konstruieren, berechnen, entwerfen: das längst Vorgezeichnete, Berechnete perfekt auszuführen, tote Architektur, mit diesen starren, statischen Figuren seines Lehrmeisters – dafür war seine Erregung zu groß.

Plötzlich, wenn er stillsaß und den Fluchtpunkt fixierte, jenseits des Hoftores, verschwamm ihm der Fluchtpunkt und sprang weg, nur noch das Tor und die Landschaft verschwommen dahinter, überdeutlich ein beliebiger Punkt, ein Hick in der Mauer des Torbogens, ein zufälliges Detail, überflutet vom Licht. Jedes Mal wieder, sooft er auch versuchte, den Fluchtpunkt zu fixieren und festzuhalten, in der Landschaft hinter dem Tor, blieb nur irgendeine Kerbe, die plötzlich vom Rand her ins Zentrum sprang, vom Licht überflutet, während ihm heiß wurde, heiß und kalt, schwindlig.

Ein Schreck, als risse der Film – doch an Vergleiche, gleich aus welcher Epoche, denkt kein Bub, wenn er zum ersten Mal erschrickt; es gibt zwei Wirklichkeiten, zwei Zeiten, denkt der Bub, weggeräumt in einem Winkel des Hofes, am Mittag, wenn ihm zu heiß wird, mit angezogenen Knien, die Hand in der Hose, aber nur in mir ist dieses Auseinanderbrechen der Wirklichkeit und der Zeit; der Hick im Torbogen ist nachher wieder da, wo er hingehört, das

Dach ist noch da, die Zimmerwände, der Tisch; in der Architektur geschieht gar nichts, in der Natur schon eher, aber zu langsam, am sichtbarsten noch an den Früchten, die rasch reifen und faulen, am Mittag, wenn es sehr heiß ist.

Es ist wie Tod, denkt der Bub, aber die anderen merken es nicht: Es ist sein Geheimnis, daher die Erregung.

Dafür hatte dieser Peterzano, der Manierist, kein Verständnis; der plötzliche Hick, mochte er noch so genau gemalt sein, war ihm gleichgültig, diese Früchte, die rasch faulen, interessierten ihn nicht, wie all diese Peterzanos, Manieristen, Lehrmeister: Wenn die Perspektive nicht stimmt, ist alles verpfuscht.

Warum also ausgerechnet Maler, wenn man es doch nicht kann, nur diese Aufregung im Kopf?

Vielleicht behielt er den Bub, die vier vereinbarten Lehrjahre, dem toten Fermo, dem Vater, zuliebe, oder auf Drängen der Mutter, aus Mitleid, oder einfach wegen des Lehrgeldes, das jeder mittelmäßige Maler gut gebrauchen kann – oder nur aus störrischer Sturheit, weil er trotz all seiner Mittelmäßigkeit spürte, dass der Bub bloß nicht wollte: zuchtlos, verwildert, verträumt. Ein täglicher, erbitterter Kampf auf dem Zeichentisch. Ein blindwütiger Alter, den der rettende Himmelsknabe, der es natürlich besser weiß, wie alle Knaben, nur irritiert und der den Sündenbock, der schon treuherzig ins Messer blickt, gar nicht sehen will, während der Bub, splitternackt vornübergelegt, die grobe Hand des Alten im Nacken, um Hilfe schreit, jämmerlich, aus dem Bildrahmen heraus und von unten her, zu seinem späten Bewunderer aus der anderen Zeit, als müsse ihm der recht geben und sich seiner erbarmen.

Der Bub hat recht; er hat seine schon rituelle Opferung auf dem Zeichentisch nur provoziert; der Bub lässt sich nicht beugen.

Jede Pädagogik ist nichts als Vergewaltigung; dass diese im letzten Moment verhinderte biblische Opferung so gemeint ist, hätte er ganz leicht verbergen können, hinter dem samtroten Tuch über dem Arm des Alten, doch er lässt den Vorhang offen, damit der späte Bewunderer gerade noch den Hodensack des Bubs sieht, den Unterleib, der sich sträubt.

Er lässt sich nicht umdrehen, nicht beugen; er lässt sich sein Geheimnis nicht entreißen.

Er hatte doch nichts anderes: keinen Besitz, kein Elternhaus, keine Familie – die Geschwister im Kloster; ein Bub, der aus der Provinz wegging in die Großstadt und nichts konnte, was dort als Können galt: keine Fresken, keine Zentralperspektive, kein Ambiente, kein Disegno.

Er hatte nur sich, sein Gesicht, als Modell, für die eigenen Bilder. Doch er musste sich anpreisen, als hätte er Überfluss; ein Früchtekorb, der fast überquillt vor Früchten, wer den Früchtekorb nimmt, kriegt den Verkäufer als Zugabe geschenkt oder umgekehrt; noch ist das Gesicht frisch wie die Früchte, die Lippen halboffen, mit lockender Zungenspitze, bereit schon zum Kuss.

Ein Früchtchen für den Straßenverkauf; irgendein Bub, namenlos, der aus der Provinz kam, um sich in der Ewigen Stadt zu verkaufen wie die anderen Buben: nur Buben und Früchte, Stillleben von Früchten und Brustbilder von Buben, Buben mit Früchten, gefällig, für einen fliegenden Händler, im Stücklohn.

Damit angelt man noch keinen Mäzen, es braucht mehr Dekor, bis ein verwöhnter Sammler Blut leckt.

Den leeren Raum auszufüllen war sein Problem und blieb es; nur angedeutet eine Mauer, ein Torbogen, ein Gefängnishof später, manchmal ein mit Akribie fast zu genau gemaltes Fenster, selten eine nächtliche Gegend, kaum erkennbar, armselig in der Dämmerung, wenig Himmel, kein Tageslicht, keine Sonne. Ein unbestimmter Raum, mit Halbfiguren im Vordergrund, am Anfang immer um einen Tisch gruppiert, als hielte er sich an diesem einen hölzernen Tisch fest, als Kompositionshilfe oder Trick, um seine mit aller Liebe gemalten Stillleben, die aus einer anderen Welt kommen, einer fast kindlichen Welt, an den Mann zu bringen, wie seine Buben.

Manchmal fehlt, im Gewirr der Schenkel, bei genauer Betrachtung, ein Tischbein.

Ein Rauschen vor meinem halboffenen Fenster, leise, gleichmäßig, fern, aber doch so deutlich, dass es den Lärm des Verkehrs übertönt; hinter dem Schleier des Tüllvorhangs die Kronen der Pinien, die Fächer der Palmen in der ersten Abenddämmerung. Es ist in der Luft, dieses Rauschen, aufsteigend aus den Straßen, vermischt mit den vertrauteren Geräuschen, die zu jeder Großstadt gehören, unverkennbar und beharrlich, aus den tiefsten Schichten der Stadt.

Das Rauschen ihrer Brunnen; Ströme aus künstlichen Quellen im Stein, aus den aufgerissenen Rachen der Ungeheuer, aus Riesenmuscheln, Fontänen, die seit Jahrhunderten die nackten Leiber der Dämonen umspülen, als wollten sie sie zum Leben verführen; eine Orgie männlicher Körper; Schenkel, Brustmuskeln, Schultern, Oberarme, qualvoll verrenkt, mit barocken Arschbacken und verzerrten Gesichtern, nicht zu erlösen von diesen Strömen aus Wasser, zum Ausharren verdammt.

Viermal Narziss, paarweise, mit diesem lächelnd versunkenen Blick in den gekräuselten Wasserspiegel der Muschelbecken, die sie mit ihrem Lebenssaft füllen, aus dem Schlund der gezähmten Fischungeheuer, die sie unter ihren Füßen nie loslassen dürfen; die Schwänzchen sind noch nicht geschlechtsreif; stilisierter Flaum nur bei einem von ihnen. Ein enger Platz, in den Fassaden die dunklen

Augenhöhlen voyeuristischer Fenster. Das Spielzeug für die Knabenhände, die Schildkröten, kamen erst später hinzu, als hätte sich einer aus Freundlichkeit ihrer Langeweile erbarmt, weil sie doch nie aus ihrer Pubertät davonlaufen können, für immer gepfählt, mit dem Stahl direkt in den kindlichen After, an der Brunnensäule, die über ihren Lockenköpfen in den quadratischen Ausschnitt des Himmels spritzt, eine geknickte Fontäne.

Ein verschämtes, unstillbar geiles Rauschen im Kopf – während ich über den Reproduktionen der Bilder, meinen Notizheften, Konzepten träume; doch vor dem Fenster das Rauschen ist kein Wassergeräusch.

Wie Rußfetzen, aufgewirbelt von einem großen Brand, im noch hellen Himmel, der sich im Westen über den Kuppeln der Kirchen entzündet, flirren sie schwarz hinter dem Tüllvorhang: Vögel – wenn ein sanfter Windstoß den Vorhang teilt, wird die Schattenwelt draußen für einen Augenblick real; Wolken von Vögeln über den finsteren Kronen der Pinien, den Palmfächern. Die Luft ist erfüllt von ihrem Lärm; ein Rauschen, das metallisch klingt, gierig und gierend, wie von schlecht geölten Rädern oder von Engelsflügeln.

Die Rußfetzen nach dem Brand von Rom; das Rauschen der Engelsstimmen über den Kuppeln der Kirchen; das Geplätscher der Brunnenfontänen, das Stöhnen der Brunnenfiguren, gepfählt wie Märtyrerknaben, die Streitwagen der Gladiatoren, die Scheiterhaufen der Inquisition, ans Kreuz geschlagene Heilige im Großen Zirkus.

Der Schrei aller ist in dem Sirren der Vogelschwärme, während ich an meinem Fenster stehe, hoch über der Stadt, auf einem künstlich aufgeschütteten Hügel, von einer Mauer umgeben. Eine Oase, mit Palmen und Pinien, ein marmorner Palast in der Mitte, in dem ich mich eingemietet habe, im Turmzimmer, zu Studienzwecken.

Ich will sie im Original sehen: Buben, junge Täufer, bartlose Erlöser später, nur Menschen, keine Architektur, keine Landschaft.

Jenseits der Mauer beginnt der Dschungel; wenn ich mein Turmzimmer hinter dem Tüllvorhang verlasse, muss ich bei Sinnen sein. Es braucht alle Sinne zugleich; den Gleichgewichtssinn, um auszuweichen, ein geschärftes Gehör, der Geruchssinn ist ständig überreizt; Augen brauche ich vorne und hinten.

Fast bin ich über den Müllhaufen gestolpert, im Engpass zwischen den geparkten Wagen, der Hausmauer, dem Strom der Passanten; erst im letzten Moment, während ich mich umdrehe, sehe ich die ausgestreckte hohle Hand. Eine Hand, aus diesem Haufen aus Müll. Man müsste sich herablassend bücken. Ein Mensch aus Müll, mit einer demütig ausgestreckten Hand. Aber ich mag mich nicht bücken, aus Angst, der Müll griffe nach mir.

Überhaupt Angst, ergriffen zu werden, erfasst, beiseite gezogen, verführt und verwickelt; ein unbestimmtes Gefühl im Rücken, der ganze Körper nimmt die Umgebung wahr. Schatten, Wärmestrahlung, Berührungen, flüchtig, nichts als eine kurze Verstärkung des Drucks auf der Haut. Ich reagiere sofort, alarmiert, als Einzelner in der Menge, als wäre ich der einzige Mensch, ein Irrgänger aus einer anderen Zeit.

Augen, die locken, ausgestreckte Hände, die bitten, Stimmen, die verführen wollen, aber tönen, als würden sie klagen –

Sie schreit ihre Erdbeeren an, weil sie nicht weggehen wollen, schön rot und saftig, noch immer unverkauft; ich habe mich zwischen die Verkaufsstände verirrt, abgedrängt in den Kreislauf rund um den Markt in einem Augenblick der Unachtsamkeit, eingeklemmt im Strom der Hausfrauen, wegen eines Standbildes. Es fängt immer so sanft an, mit Blumensträußen, Fruchtkörben, frischem Gemüse

– da stand er, mit diesen antiken Locken, den gierigen Nüstern, dem Lachen eines Kindes beim Spiel, dem Glanz der Adoleszenz auf den Wangen, einen geflochtenen Korb zwischen den Füßen, in beiden Händen die Schlangen seines gezöpfelten Lauchs.

Wegräumen! – Ich will keinen gezöpfelten Lauch; da stießen mich schon die Hausfrauen vorwärts, zum Fleisch. Es wird immer blutiger; ein Metzger, der mit dem Beil dreinschlägt, als wolle er sich die eigene Hand abhacken, Vögel mit hängendem Kopf, nicht einmal gerupft, die Fische, deren Augen noch leben, Blut im Genick; alles Fächeln nützt nichts, gegen die Geilheit der Fliegen. Nein, ich will keinen Singvogel, kein Heiligenbildchen, von dem Bettelmönch, der vor dem Vogelbauer hockt, während eine Hand, wie abgetrennt hinter seinem rasierten Kopf, einen Vogel aus dem Vogelbauer herausnimmt; ich will keine schmierige Leber, kein Herz, keine Gedärme und schon gar keinen Fisch, mit Blut im Genick.

Ich will raus aus diesem blutigen Kreislauf zwischen den Hausfrauen, zu dem Jungen mit dem gezöpfelten Lauch.

Den möchte ich wegräumen, sonst nichts.

Ein Tempel, eher als ein Palast, schmerzhaft weiß, am Ende des Corsos, wie ein ohne Verstand ins alte Stadtbild hineingeknalltes Modell. Wegräumen!, denke ich, doch es ist kein Modell, das kann man nicht einfach wegräumen.

Es versperrt jede Aussicht, eine nationalistische Fata Morgana, aber aus Marmor. Beim Näherkommen tauchen zwei winzige menschliche Gesichter auf, hinter der monumentalen Treppe, zwei grünuniformierte Menschlein, die Ehrenwache halten, neben einer kleinen Flamme. Nicht für sie ist diese orgiastische Treppe gebaut, die zum Ruhm führt, sondern für die Heroen, die sie auf ihren Podesten und Säulen überragen, hoch zu Ross natürlich und wahrscheinlich auch aus Marmor – doch dieser Marmor ist so weiß, dass er aussieht wie Gips –, halbnackt, mit neobarocken Ärschen.

Unterm Arsch, vergoldet, schon bröckelnd, das Liktorenbündel. Die vorweggenommene Gewalt des Faschismus, denke ich, vor dem überdimensionierten schmiedeeisernen Gitter stehend, das alles absperrt.

Die Stufen zum Höhepunkt der Erregung führen bloß zu einer Fassade, die Unterwerfung verlangt, Demut, Zucht; was dahinter liegt, weiß ich nicht, wahrscheinlich nichts; eine Fassade eben, Hintergrund für die zeremoniellen, sinnlosen Bewegungen der kleinen Rekruten vor der symbolischen Flamme des Nationalgefühls, austauschbar wie alle Uniformierten.

Was ich eigentlich suchte, lag gleich dahinter. Ein zierlicher Hügel, niedriger als das präfaschistische Monument, das ihn in den Schatten stellt, aber steil, ich stehe schon wieder am Fuße von Treppen und komme mir klein vor, den Blick nach oben gerichtet.

Eine Pilgertreppe, mit niedrigen Stufen, für bußfertige Knie, zu meiner Linken; vor mir die breite, einladende Treppenrampe für zügige Schritte; ganz rechts der natürliche Abhang des Hügels, bewaldet mit Pinien, Sträuchern, gewundene Wege, die sich im Maquis verlieren.

Die Kirche, aus grobem Stein, ein mittelalterliches Muttergotteshaus in den schrägen Strahlen der untergehenden Sonne, wirkt unzugänglich, entrückt, eine abweisende Fassade, in der perspektivischen Verkürzung der Sicht; anziehend hingegen die beiden überlebensgroßen männlichen Portalfiguren, antike Zwillinge, von Michelangelo restauriert, symmetrisch bis zum Neigungswinkel ihrer Geschlechtsteile, die sich wachsend verzerren, während ich schier endlos aufsteige, wie in einem Traum, aus dem man immer wieder vorzeitig erwacht, unerlöst.

Der ganze Platz ist so: unerlöst; Michelangelos Platz, gebaut auf den Trümmern einer vorchristlichen, von keinerlei Erlösungsversprechen verdüsterten Zeit, in klassischem Stil zwar, formstreng, aber schon chiliastisch und eindeutig.

Man merkt es auf den ersten Blick. Den Kopf in den Nacken gelegt, zu den Dächern der Paläste hinauf blinzelnd, bin ich dankbar für die vorüberziehenden Wolken, gegen den unwillkürlichen Reiz in der Nasenschleimhaut. Nichts als Studien nackter Jünglingskörper, in den anmutigsten Posen, weiß unter dem fahrenden Himmel, lebensgroß, aber unerreichbar, in der Anmut ihrer Bewegung erstarrt. Doch man muss nur lange genug emporblicken, dann scheinen auch die Jünglinge vorüberzuziehen, auf dem Fließband der Dachbalustraden, wie Massenproduktion, repetitiv, schwindelerregend, lange hält man das nicht aus. Ich fühle mich eingekreist und muss niesen.

Ein ganz anderer Anblick plötzlich – von den dunklen Gefilden her, vom Weg, der zu den bewaldeten Abhängen führt, eine Schattengestalt, viel zu monumental, als dass der Blick mich hätte treffen können, der spähend umherstreunt, weithin über den Platz, flüchtig, schon weggeräumt. Ein wildes Tier in der Dämmerung der Statuen. Dort, im Maquis, abseits im Gestrüpp, im Unterholz der Abhänge, im Labyrinth der verschlungenen Wege, auf der Suche nach einem pulsierenden Schwanz, warmer Haut, weichen Arschbacken, findet man schon im Voraus den Tod; jeder weiß es, man läuft dort ins Messer, in die Schlagringe.

Den Saal mit den Porzellanfiguren suche ich – das Bild zwischen zufälligen Porzellanfiguren – die Porzellanfiguren habe ich mir als Anhaltspunkt in der Museumsbeschreibung gemerkt; Saal V suche ich, doch ich bin schon wieder von labyrinthischen Museumspalästen umstellt.

Der Kriegsgott aus Stein, römisch, spätklassisch, in imperialer Montur, sehr präfaschistisch; eine monumentale Hand, ein kolossaler Fuß, ein enormes Knie, der zertrümmerte Konstantin, marmorne Körperteile eines gewaltigen Kaisers; ein zierlicher Hermes – und Pan, der seine Hand besitzergreifend auf den ausgestreckten Arm eines zwar noch kleinen, aber schon geschlechtsreifen Hirtenknaben gelegt hat: ein Menschenkind in den Fängen eines Gottes; ein fauler Gott, der Gott des Mittagsschlafes mit seinen erotischen Träumen, Verführer der Knaben, Schänder der Mädchen, die antike Verkörperung des Teufels, der Vater des panischen Schreckens, hässlich, grinsend, ein geiler Bock, als einziger der Götter sterblich.

Ich will mich jetzt nicht in der Familiengeschichte der Götter aus dieser heillosen Vorzeit verirren; ich suche meinen Saal mit dem Porzellan.

Ein steinerner Rücken, bis in alle Einzelheiten der Anatomie realistisch, vom Nacken über die breiten Schulterblätter bis zum Arsch und zum Fuß, im Rahmen der offenen Eingangstür, am Ende einer langen Museumstreppe; ein nackter Mann, halbliegend, nach vorne gebeugt, den Kopf gesenkt.

Der Siegfriedsfleck; der Flaum an der Innenseite der Schenkel, die Kuppen der Brustmuskeln; das Gedächtnis meiner Handflächen erwacht – berühren.

Aber ich kann doch nicht, hier, ein öffentlicher Ort, der Museumswächter, die Angst vor der Enttäuschung und zugleich die Angst, der Liegende könnte sich umdrehen, erschrocken.

Fahl glänzt die marmorne Haut, mit einem Stich ins Grünliche schon. Doch die Wunde in der Flanke ist diskret im Vergleich, eine harmlose Verletzung, nicht blutig, eine Andeutung nur, die man übersehen könnte, auch er selber beachtet sie nicht. Eine entspannte Haltung, nicht schmerzverzerrt, ein nachdenkliches Gesicht, kein Entsetzen im Blick, nicht einmal Staunen; ein kräftiger Schwanz, gesund, befriedigt, nach einem heftigen Geschlechtsakt.

Doch die Haut stirbt schon an der Oberfläche, und auf die Haut kommt es an; der ist kalt, kalt und tot.

Ein sterbender Galater mit nutzlosem Schwert.

Ein Schreck: da sind sie ja alle versammelt, im staubigen Licht nüchterner Säle, jung und nackt, wahllos aufgereiht, vergessen und stehengelassen, im Augenblick irgendeiner Erregung erstarrt.

Wegräumen! Es ist doch bloß Marmor!

Wäre ich jetzt allein, ungestört, nachts eingesperrt in diesem Museum, der Ablauf wäre unaufhaltsam, nach der ersten Berührung; die Passivität kenne ich doch, dieses Stillhalten, die Unbeweglichkeit vorweggenommener Totenstarre.

Mein Körper ließe sich im Finsteren täuschen.

Nein! Ich muss meine Hände enttäuschen.

Doch die Säle sind verwinkelt, mit Zugängen von mehreren Seiten; Stimmen, Schritte, die von irgendwoher hallen. Den heimlichen Ort suche ich, den sicheren Winkel, den anderen, der plötzlich echt wäre, auch interessiert, mit diesem Blick, der zwischen Baedeker und glänzendem Marmor plötzlich Augenkontakt sucht.

Toiletten für den Akt gibt es immer.

Eine hübsche Geschichte, zum Ausmalen im Kopf, während man zwischen Statuen umherirrt, denn natürlich ist keiner da, kein neugieriger Gymnasiast auf Maturreise, kein geiler Student der Kunstgeschichte, nicht einmal ein gelangweilter junger Museumswächter, ich bin allein, einen Augenblick lang vollkommen ungestört, kein hallender Schritt mehr, keine menschliche Stimme.

Weiß glänzt der marmorne Körper in dem dämmrigen Winkel, beiseitegestellt, keine weltberühmte Figur, weder von Winckelmann beschrieben, noch von Goethe abgehandelt.

Die Haut wie geölt, wie gesalbt; weiche Rundungen über den schmalgliedrigen Knochen; ein handlicher Arsch, ein intakter Schwanz; Schlafaugen, von müden Lidern verhangen, ein unbestimmter Blick über die Schulter hinweg, lockend, mit offenen Lippen.

Unbeschädigt, nur das Symbol in seiner Hand ist zerbrochen; Bruchstück eines Bogens vielleicht, keine Pfeile. Die Bedeutung scheint ungewiss. Eros o Thanatos, steht angeschrieben.

Liebe – oder der Tod. Eine unmögliche Wahl.

Erstarrt plötzlich, die Hand schon ausgestreckt, verharre ich, als wäre ich selber schon eine Statue.

Stimmen, aus dem Inneren des Gewölbes, das sich hinter dem Bretterzaun einer Abschrankung verliert, menschliche Stimmen, von irgendwoher, aber sehen kann ich nur Statuen. Der stürzende Niobide im Rahmen der offenen Durchgangstür bietet einen gewissen Schutz vor den Blicken Vorübergehender; auch der Bretterzaun der Abschrankung ist eine Sichtblende für meine Hände.

Der steinerne Leib steht abseits in einer Nische, ein Rumpf ohne Anschrift, nur mit einer Zahl versehen, der Zahl dreizehn auf dem Sockel, irgendein inventarisierter Torso virile, intakt von der Schulterlinie bis zu den Oberschenkeln, zugänglich von beiden Seiten.

Ein matter, unpolierter Marmor, rotbraun, nicht ölig weiß.

Der Zustand des Geschlechtsapparates ist mir verhältnismäßig egal; es ist überhaupt kein Schreck. Die Haut ist nicht kalt, nur kühl, für meine heißen Hände, rau, griffig, ein Knabenhintern, von draußen heimgenommen, im Spätherbst, nach längerem Suchen.

Kein Hals, kein Gesicht, kein Lächeln; ich kann mich nur dem

Gedächtnis meiner Hände hingeben, mit geschlossenen Augen, im Hallen der Stimmen, während die Kuppen meiner Finger schon von selber, aus Gewohnheit, zu ihrem Ziel wandern – und mich vollends wecken: Stein. Da ist keine notdürftige Illusion mehr möglich, so verzweifelt ich meine Fingerspitzen auch gegen den Stein presse, Stein, eine glatte Rille im Steinklotz, so breit wie meine Fingerspitzen, flach, hart, nicht die geringste Andeutung einer möglichen Höhlung, nichts – plastisch gestaltet nur bis zu dieser Grenze, das absolute Minimum, notwendig bloß zur Täuschung der Augen.

Ein Klotz.

Ich muss raus, aus diesem Horrorkabinett der Anatomie.

Menschliche Körper als Fossilien, Torsi, noch mit dem unbehauenen Stein verwachsen, wie aus dem Sand auftauchend, der sie verschüttet hat, anatomische Präparate, aufgehängt zwischen eisernem Gestänge.

Man kann sie nicht einfach zerschlagen, in tausend Scherben und Staub, wie ihre späten Nachbildungen aus Porzellan; eine christliche Zeit, da tragen sie Feigenblätter; Staffage, in den Vitrinen am Rande des Gesichtsfeldes, unscharf in den Augenwinkeln, während einer langen, langsamen Kamerafahrt auf das einzige Bild, am Ende des Saales. Ein kurzer Kameraschwenk auf die kleinen fetten Buddhas in den Glaskästen, die sich aus Ostasien hierher verirrt haben; mit hängenden Ohrläppchen bis auf die Schultern, die Zunge herausgestreckt, kahlköpfig, Inbegriff aller Hässlichkeit, lachen sie sich die Seele aus dem irdenen Leib, greisenhaft kichernd, wie wohl jeder Erleuchtete über das Fleisch lachen muss, alle Schönheit der Welt.

Ein Bild, nach all den Statuen, ist wie die Rückkehr ins Leben – Farbe, Schatten und Licht.

Da liegt er und räkelt sich, splitternackt, vor dem ikonologisch falschen Schaf: kein Agnus Dei, ein geiler Bock. Es blendet ein wenig, von weitem, als schäkerten sie hinter einer staubigen Fensterscheibe, auf die Sonnenlicht fällt; doch er ist nicht hinter Panzerglas gesichert, nur ein bisschen zu gut restauriert, mit zu viel Firnis; ein Wächter sitzt neben ihm, um ihn zu behüten, abkommandiert zu einem Sonderauftrag in Saal V als Sittenwächter.

Der Amor, nur in anderer Gestalt, ohne jede mythologische Zutat, in einer eindeutigen Situation; dieser Giovan Battista, der bei den Bänken wohnt und den er nicht kennen will, irgendein Bub, der sich jedem hingibt, mit Vergnügen.

Er lächelt, über die muskulöse Schulter hinweg, zu dem Betrachter aus späterer Zeit, als solle auch der sich nicht schämen; er hält schon die Schenkel gespreizt und bietet sein Schwänzchen feil, im Halbschatten, auch von seinem Hintern zeigt er genug, mehr als man eigentlich sehen dürfte, nach den Regeln der Zentralperspektive.

Er hat sie abgeschafft, die Regeln, damit man genug sieht von dem Bub; das Licht soll ihn ausleuchten, ein zärtliches Licht, das über den nackten Knabenleib streicht, von der Achselhöhle über die Flanke, mit allen Schauern der Erregung, heiß kalt, hell dunkel, über den Beckenknochen bis zu dem Schenkel, der proportional viel zu lang ist, als könne das Licht sich von dem kräftigen Knabenbein nicht trennen.

Der Fuß mit den schmutzigen Zehennägeln steht auf einem dürren, abgebrochenen Ast – Symbol, sagen die italienischen Kunsthistoriker, des überwundenen Todes, Sinnbild der Auferstehung und des ewigen Lebens; zwar, sagen die Italiener, gehöre zu jedem Johannesknaben in der Wildnis traditionell das Lamm, doch sei auch der Widder, wegen seines kreuzförmigen Gehörns, eine Personifikation

Christi; dass er so schäkert mit dem Bub, sei nichts als ein Sinnbild der göttlichen Liebe, dank derer die Menschheit erlöst wird.

Da mögen die erleuchteten Buddhas ruhig kichern; der Bub macht mich geil, und das soll er auch, verführen soll er.

Das Licht kommt nie aus dem Bildraum, sondern von außen, als Flash, der eine Szene beleuchtet, die gestellt ist, wie im Atelier eines Fotografen oder auf der Bühne; alles ist sorgfältig inszeniert, mit realistischen Einzelheiten, zur Unterhaltung des Zuschauers.

Gut gemacht, sagt der Kardinal, etwas überrascht: dass ausgerechnet *der* Michel Angelo heißt ...

Eine Frechheit eigentlich; auf die Idee ist noch kein Italiener vor ihm gekommen, nicht einmal, in dieser Direktheit, die Holländer. Nichts ist da idealisiert, höchstens etwas übertrieben, als mache der Maler sich lustig über die scheinheilige Unschuld des einen Jungen, über die gespannte Aufmerksamkeit des anderen und über die Verschlagenheit des alten Zigeuners, der am Ende diese Grünschnäbel hereinlegen wird, herausgeputzte Spitzbuben beide, typische Zierbengel, Falschspieler.

Verschollen das Bild seit 1899 aus der Sammlung eines Baron Rothschild, aber belegt, bekannt von einer alten Fotografie und von über fünfzig Kopien.

Ein originelles Motiv, das Schule gemacht hat.

Der Kardinal wollte von Valentino, seinem Galeristen, mehr wissen; doch über den gab es nicht viel zu erzählen.

Selber so ein Bube.

Kartenspieler, der Kardinal erinnerte sich, kamen zwar schon vor, als Zutat am Rand, zum Ausschmücken, aber den Augenblick des nackten Betrugs als Sujet, ohne jede andere Absicht oder Bedeutung, das musste dieser Michel Angelo selber erfunden haben.

Als wäre auch sein Vorname erfunden, zum Spott.
Der Kardinal wollte den Buben kennenlernen.

Im Kunstmuseum von Florida könnte man ihm noch heute begegnen; viel Kardinalspurpur, nur angedeutet in wenigen grauen Bleistiftstrichen, Schraffierungen, über einem stattlichen Leib, ein Charakterkopf mit einem eigentümlichen Gesichtsausdruck, als trüge er ein schlechtsitzendes Gebiss, oder als hätte er Salami zwischen den Zähnen, oder als müsse er sich irgendetwas verkneifen, zumindest ein Lächeln.

Der Geschmack des Kardinals war von besonderer Art; wer Tizian und Aretino zu Taufpaten hatte, dem konnte man nicht mit dem Üblichen kommen. Das hatte er schon; alle großen Maler der Zeit hingen in seinem Palast, alle heidnischen Götter, antik, standen in seinen Gärten, das Vollendete, Vollkommene, Gültige suchte er nicht mehr; ihn reizten nur noch die Anfänge, das sogenannt Interessante, das Versprechen, der Entwurf, das Unfertige, der Torso, aus dessen idealer Proportion der fehlende Rest sich ergibt, und natürlich die Zeichnung.

Als Mitglied sämtlicher Kunstkommissionen langweilte sich der Kardinal allmählich; was man zu sehen bekam, war nur noch Stil, in der bekannten Manier, aber immer extremer stilisiert, bestenfalls sauberes Handwerk. Gab es denn nichts Neues mehr, zum Fördern, widerspenstig, ungelenk, naiv, wie alles Neue am Anfang? Urtümliche Kraft, gesunder Wildwuchs, zum Zähmen und Veredeln, behutsam, mit pädagogischem Eros?

Eine düstere, restaurative Zeit, die brave Andachtsbilder verlangte, so flüchteten sich die Begabteren in den ungefährlichen Formalismus. Das Neue, diesen Kitzel im Augenblick der Erkenntnis, fand er nur noch an den Rändern des Erlaubten, in den Grauzonen zwischen Kunst, Mystik, Wissenschaft, Hexerei und Scharlatanerie, in den vertraulichen Gesprächen mit seinem Freund, dem unvorsichtigen Galilei, oder in seinem legendären Labor, um den Preis eines kleinen Missgeschickes gelegentlich, einer toten Versuchsperson, als Patient deklariert, so war nicht die Arznei schuld.

Guidobaldo, sein leiblicher Bruder, war vorsichtiger und blieb bei den Grundlagen, bei Mathematik, Arithmetik, Perspektive, ohne den gefährlichen, aber verlockenden Ausflug in die Spekulation.

Auch der Kardinal hatte lernen müssen, vorsichtiger zu werden. Das war zwar langweilig; aber weil er nichts so sehr fürchtete wie die Langeweile, machte er noch aus der Vorsicht ein Spiel: Die Diplomatie war sein Beruf. Der Rest blieb strikt privat, und so durfte der Rest ziemlich groß sein, groß genug, dass keine Langeweile aufkam. Um die ertragen zu können, mit souveräner Gelassenheit, fühlte er sich noch nicht alt genug, trotz seiner dreiundvierzig Jahre. Er wusste, dass seine Zeit um war, eine leichtlebige Zeit, unter schönen, jungen, adligen Menschen mit Kunstverstand, im letzten Abglanz der Renaissance, in den verspielten Gärten seiner Jugend: ornamental geschnittene Hecken, zum Labyrinth zurechtgestutztes Gebüsch, eine Orgie künstlicher Symmetrie in der Natur, in den Wasserspielen, ein Spiel mit der Schwerkraft, mit der Statik, den optischen Täuschungen, dem Schrecken; noch der Schrecken war Berechnung. Ein absichtlich schiefes Haus, so dass die Landschaft vor den Fenstern zu kippen scheint, nicht die Architektur, zur reizvollen Verwirrung der Sinne; Monstren aus Stein, eine Liebeslaube im Schlund eines Ungeheuers, die reinste Geisterbahn, mit versteckten allegorischen Bedeutungen, voller Anspielungen, vergessen im Laufe der Jahrhunderte, überwuchert inzwischen von mediterranem Gestrüpp.

Was waren schon die Naturkatastrophen, der Despotismus, der Nepotismus, Pest, Sumpffieber, Kriegshändel, gegen den tödlichen Dogmatismus der Inquisition.

Nec Spe, nec Metu. Keine Hoffnung, keine Angst? Der Kardinal war kein Stoiker, das war ein kühner Leitsatz für einen jungen Mann; ein bisschen Furcht brauchte er, sonst verlören auch die letzten, noch möglichen Spiele ihren Reiz.

Doch er mochte die jungen Leute.

Von den Frauen, mit ihrem zweifelhaften Ruf, hatte er genug, seit er Kardinal war; das ergab bloß Komplikationen, post tridentinum; mit Frauengeschichten wurde man abhängig.

Desinteressiert spazierte er durch die Galerie, gleich neben seiner Kirche, gelangweilt von diesen immer geschraubteren Figuren ohne Bodenhaftung, in geschmäcklerischem Dekor, mit viel wallendem Stoff, während Valentino jammerte, wie jeden Morgen vor Mittag, über die Versorgungsschwierigkeiten: Mit dem Wort ›Hungersnot‹ hätte er dem Kardinal nur den Appetit verdorben, peinlich, seinem besten Kunden.

Schon wieder nur Salat, und das dauerte nun schon.

Nein, Engel stelzen doch nicht oder posieren bloß, so geschlechtslos und pietätvoll, die Augen himmelwärts verklärt; michelangelesk in dieser weggedrehten, gestreckten Haltung, die den Leib übermäßig in die Länge zieht, aber ohne die Kraft des Sehnens danach und des Verzweifelns daran, dass es diesen Idealleib in der irdischen Wirklichkeit, mit einem unverwechselbaren Gesicht, nie gibt. Sie brauchen nicht einmal Flügel, bei Michelangelo, man sieht auch so, dass es Engel sind. Diese da hingegen, von Reni zum Beispiel, sind nur süßlich, leblos und statisch, weder Mann noch Weib, weder Jüngling noch Knabe. Keine Kraft mehr, die aus der Wirklichkeit kommt und aus dem Leiden. Leiden, dachte der Kardinal, leiden sollen sie, leiden, leiden und nochmals leiden, das ist sogar christlich.

Er verkniff sich's; nein, natürlich hatte er die Gefräßigkeit des Maestro nicht vergessen, sein Bursche, der Nachschub bringen sollte, hatte sich wohl ein wenig verspätet; die ängstliche Gier der kleinen Geschäftsleute amüsierte ihn.

Eigentlich suchte er ja längst nichts mehr, außer natürlich, noch immer, die Sensation, und die musste, eine alte Regel der Sammler, ihn finden.

Der Kardinal hörte nicht hin, sah kaum mehr hin, merkte gar nicht, dass Valentino ihn sachte am Arm führte, während er um sein Leben redete, wie alle Galeristen, und ihn ins Innere lenkte, als zöge er ihn ins Vertrauen.

Schon von außen sieht man alles – ein Glashaus, ein Schaufenster. Reproduktionen, Poster, nostalgische Postkarten, in der Art der Berliner zwanziger Jahre oder der amerikanischen fünfziger, nachgestellt, nachgemacht.

Die Wände der Galerie sind wie bestrichen mit chemischem Zitronenwasser, gelblich und kalt hinter dem Glas. *L'Image* heißt der Laden, angeschrieben an der Glastür in einer derart stilisierten roten Vexierschrift, dass es kaum zu entziffern ist. Hier muss es gewesen sein, Valentinos Geschäft, zwischen dem Palazzo Madama und der Kirche San Luigi dei Francesi, hinter der Piazza Navona.

Touristisches Publikum, modisches Volk; der Galerist, mit einem Zweitagebart, trägt das lange Haar zu einem Zöpfchen gebunden am Hinterkopf, geschnürt mit einem Gummiband. Arrogant, geschäftstüchtig, humorlos zwischen seiner originellen Gebrauchskunst.

Donald Duck, der auf der Weltkugel thronend fernsieht, James Dean im Regen, immer wieder James Dean. Abziehbildchen.

Wandschmuck als integraler Bestandteil der Inneneinrichtung. Überhaupt viel Inneneinrichtung in den Geschäften hier, Chromstahl und Glas, alle Arten von Lichtquellen in den Schaufenstern, man sieht kaum mehr, dass es Lampen sind.

Kunst als Design, Design als Kunst, Disegno.

Male Nude – zwischen all der weiblichen Erotik, im Postkartenständer; natürlich zeigt er dem Betrachter den Rücken, nur die Schulterpartie, eine Landschaft, von Licht und Schatten modelliert; Lichtstaub auf der Haut, Glanzlichter im Haarschopf, der wie der Hintergrund schwarz ist, am hellsten leuchtet der Nacken; Chiaroscuro, aber deutscher Herkunft, von einer Frau fotografiert.

Erompenza, ein Junge in goldenen Badehosen, gespiegelt im Gittermuster der Fliesen an einer Schwimmhallenwand, original italienisch, von einem Mann gemalt, in einer abenteuerlich bunten Mischtechnik.

Den nehme ich – beide – und noch Nostra Città dazu, zwei Buben, die an ihren Fingernägeln kauend skeptisch beobachten, vor dem Hintergrund einer verschmierten Betonmauer, aus den fünfziger Jahren, aber nachkoloriert.

Der Galerist, hinter seiner elektronischen Kasse, hält den Geldschein rasch gegen das Licht, als könnte er gefälscht sein, so zerknittert aus meinem Mafia-Gürtel.

Hunderttausend Lire, nichts als Nullen.

Er ist es tatsächlich; das Phantombild des Malers, als er schon dreißig und interessant genug war für ein Porträt von fremder Hand, aber etwas retuschiert, scheint mir, telegen zurechtgemacht für den Geldumlauf, als reife Künstlerpersönlichkeit, wie ihn die Italiener gern sehen.

Keine Selbstdarstellung.

Der Kardinal war wohl ziemlich überrascht – der Künstler als junger Bacchus.

Sieht nicht aus, als wäre der schon zweiundzwanzig, eher neunzehn, vielleicht auch erst achtzehneinhalb, aber etwas verlebt; da ist nichts retuschiert; die dunklen, mandelförmigen Augen sind leicht entzündet, verschwollen, nach einer wilden Nacht; er lächelt müde, weiß Bescheid; er verschenkt nichts mehr, als Zugabe; er hat sich die süßen Früchte selber gegriffen.

Doch mit der Zungenspitze, zwischen den halboffenen Lippen, lockt der Kerl schon wieder.

Greif zu, mein Kardinal; die Trauben für den anderen liegen bereit auf dem Tisch, zwei Pfirsiche, für jeden einer.

Oder ... was starrst du?

Nur mit den Brauen scheint er zu staunen, als hätte er ein besseres Angebot erwartet. Das Spiel amüsiert ihn, er ziert sich, der Bub; er verführt, indem er sich abwendet und, in der Bewegung der Scham, sich entblößt.

Passt dir meine Gesichtsfarbe nicht? Sind dir meine Lippen zu kalt? So zeige ich dir die Schulter ...

Ein muskulöser Oberarm, eine kräftige Flanke, nackt bis zur Hüfte, klein, kompakt, griffig; auch vom Oberschenkel sieht man genug, als wolle er seinem Kardinal das verletzte Knie zeigen, Mitleid ernten, wegen dem Pferd, das ihn trat: Das zieht immer.

Oder doch Malaria, von den pontinischen Sümpfen, bei dieser kränklichen Hautfarbe?

Er wartet ab; er fragt nur mit dem Blick.

Greifst du zu?

Die flache Nase, die ausgeprägten Nüstern, das gilt zwar nicht als hübsch, ist aber sehr sinnlich.

Man könnte sich ja vergreifen, gedankenverloren, statt nach den blauen Trauben zu langen, statt den Pfirsich mit beiden Daumen in der saftigen Spalte zu brechen, ein bisschen am breiten, samtenen Bändel zupfen, der wie versehentlich neben den Früchten auf dem Tisch liegt, in einem angeregten Gespräch über Kunst; die Schleife würde sich gleich lösen, und sachte glitte auch der Rest des pseudoantiken Mäntelchens über das helle Fleisch abwärts, in seinen verborgenen Schoß.

Den Blätterkranz auf den Locken darf er aufbehalten, weil das Efeu dem Bacchino von alters her lieb ist.

Malst du mir auch so einen? Der Kardinal besaß schon ein paar von diesen Knaben in seinem Kabinett, traditionellere, ernsthaftere, unverdorbene Hirtenbuben in italienischen Renaissance-Landschaften, frei und nackt, mit den weiblichen Rundungen, dem Pubertätsspeck, der nach antiker Mythologie zu diesem halbwüchsigen Gott der Trunkenheit gehört, und so malte ihm dieser Michel Angelo (oder Michele, wie er wohl lieber genannt wurde) noch ein paar weitere dazu, als er bereits nachweislich im Palast des Kardinals wohnte, con parte e provisione, wie jedes ordentliche Mitglied des Haushaltes: ein zweifelhaftes Bübchen – auf der Chaiselongue oder Ottomane im Chambre séparée, die antike Verkleidung im Zustand fortgeschrittener Auflösung, die eine Brustwarze aufdringlich ausgestellt, das fleischige Händchen verspielt an der samtenen Schleife, bietet es mit gespreizten Fingern (Schmutzränder unter den Nägeln) dem beliebigen Gegenüber den zierlichen Weinkelch zum Austrinken an – die unvermeidliche Fruchtschale vor sich auf dem gedeckten Tischchen, ein üppiges Stillleben, mit Trauben, Feigen, die Birnen und Pfirsiche sind schon überreif: angefault.

Mit der Zungenspitze braucht der gar nicht mehr zu locken – den Kussmund spitz, die Augenlider schwer, willig, aber träg.

Nein; nein, dies ist nicht »der nächstbeste Mensch«, sondern ein Ulk, aus Übermut gemalt, in einer Laune, für einen sehr privaten Kreis, mit Sorgfalt zwar und Liebe (für die Luftbläschen in der Weinkaraffe, für die Spiegelung im Glas, für die Genauigkeit des Augenblicks), aber ohne tiefere Absicht und Bedeutung, denn diese Maler erinnern sich doch gar nicht mehr an ihre Bilder, die sie für ein Bett, mit oder ohne Inhalt, für einen Wein, ein Nachtessen, für eine Wohnung in New York oder Paris weggegeben haben und die dann eben weg sind, veräußert.

Ulk ist das, eine Putte mit dem Oberarm eines Bodybuilders und den Wangen eines Mohrrübenbabys, die ohne Beleg verschwand und erst dreihundert Jahre später im Keller der Uffizien zum Vorschein kam, in der vierten Kategorie klassifiziert, als Schund; ein allzu unschicklicher Zwitter aus Bacchus und Ganymed, Gott des Rausches und Mundschenk der Götter, ein Strichbub, ein kleiner Günstling im Palast der Macht.

Die Zuschauer halten Distanz, obwohl der Zugang nicht abgesperrt ist, es wäre nicht verboten; man könnte ungehindert nähergehen, stehenbleiben, durch die offene Flügeltür ins dunkle Innere äugen, wo Betrieb herrscht, unbestimmt geschäftig.

Die beiden Zinnsoldaten in ihren anachronistischen Uniformen ließen sich nicht stören, einzig das kleine Walkie-Talkie an der Hüfte passt nicht. Die beiden richtigen Soldaten in plumper Nato-Uniform, vor ihren Wachhäuschen, symbolisieren militärische Präsenz, Gewehr bei Fuß, ein Karabiner, der auch eher Symbolwert hat. Nur einem ist es ernst, in Polizeiuniform, eine kugelsichere Weste über Brust und Rücken, die Maschinenpistole im Anschlag, den Zeigefinger schon am Abzug, steht er locker da, geht hin und her, spricht mit dem einen oder andren Zivilisten:

dunkle Anzüge, Krawatten über weißen Bäuchen, Aktenbündel unter dem Arm; ein Kommen und Gehen durch die offene Flügeltür, dass die Krawatten flattern, unter der müden Fahne dieser Republik.

Keine Kardinäle mehr; gewählte Volksvertreter, Senatoren, weltlich, demokratisch, mehrheitlich christdemokratisch, denke ich, gut bewacht gegen alle terroristischen Überfälle, die, absichtlich oder unabsichtlich, bloß dem Faschismus nützen.

Auch ich bleibe auf der anderen Straßenseite stehen, die Arme auf dem Rücken, wie zum Schutz, das Geld im Gürtel versteckt, den Rest meiner mobilen Haushaltung (Notizbuch, Ausweis, Zigaretten) in den Innentaschen meiner leichten Jacke, tarnfarben wie ein Kampfanzug, Zuschauer unter anderen Zuschauern.

Nur die Frauen wagen sich weiter vor; eine kleine Gruppe vor dem Eingang zum Palast, friedlich, ruhig, Plakate auf dem Leib (wie kugelsichere Westen), Flugblätter auf dem Arm.

Dass etwas los ist, eine Menschenansammlung am Ende der kurzen Verbindungsgasse zum Palazzo Madama, sah ich vom Platz aus, an einem Straßencafétischchen, bei einem Campari gegen die touristische Langeweile. Auch dieser Platz, von Barockfassaden umstellt wie von Kulissen, soll noch vor gar nicht langer Zeit einschlägig gewesen sein, auf die leichte, südländische Art, halb Markt, halb Spiel, Augenspiel vor allem, eher Treffpunkt als Jagdrevier. Manchmal sitzt einer auf der Steinbank, allein, ausgestellt, derart verschüchtert und in einer offensichtlichen Notlage, dass man's lieber sein lässt.

Eine Marchetta – verdorbene Ware – nichts sonst.

Nur konventionelle Liebespärchen. Modisch-geil zurechtgemachte junge Männer, mit diesen Augen, die wie aufgemalt aussehen, aber echt sind, ziehen ihre Mädchen in Röckchen, Jäckchen,

Blüschen, Folterstöckelschühchen am Händchen übers Kopfsteinpflaster wie zur Schlachtbank.

Ein barocker Platz – vorher nichts als Steinbruch, Markt, Gemüsemarkt.

Folklore; Freaks, Clochards, ein paar Alkoholiker, die sich auf dem Pflaster eingerichtet haben, mit Gitarren, Flaschen, Schlafsäcken, und dazwischen diese Goldhosen, die in einer Drehpause umherstolzieren; die Filmmaschinerie steht vor der Kirche mit Borrominis Fassade, die Berninis Triton abwehrt mit entsetzter Hand – da kommen die Statisten her. Ganz sicher bin ich nie, wer echt ist, wer zum Film gehört.

Nichts als Folklore. Vergiss es, möchte ich dem jungen, schwulen nordischen Touristen sagen, der vor dem Hintergrund des abwehrenden Triton, der barocken Arschbacken, vergeblich äugt, komm und vergiss es, doch wenn ich anfange, Deutsch zu reden, und Deutsch versteht der sicher, will er mich nicht, der will doch einen Cicerone oder einen von den Ragazzi, die es nur noch in den alten italienischen Filmen gibt und in der neueren (nordischen) Literatur. Ein Mythos. Sonst wäre der nicht hier. Doch hier herrscht Ordnung. Der mobile Polizeiposten steht immer bereit, mit Schreibtisch, elektrischer Schreibmaschine, in einem Wohnwagen.

Längst hat die Sonne den Platz verlassen, und im blauen Licht der prima sera erscheint über den Dächern ein Engel, der Fernsehantennen repariert.

Eine schwerelose, kleine Rettung, weit entfernt.

Eine ganze Sondereinheit ist vorgefahren, ein Kastenwagen voller junger Männer in plumpem blauem Zeug, die herumlungern, schwerbewaffnet, aufdringlich, in Bereitschaft eben: Bereitschaftspolizei.

Von der Piazza Navona aus kann man das kleine Grüppchen dieser Frauen, am Ende der kurzen, engen Gasse zum Palazzo Madama, tatsächlich für eine Zusammenrottung halten.

Die Frauen, knapp zwei Dutzend, die Kinder mitgezählt, stehen herum, reden miteinander, wie bei einem Straßenfest, als wären keine schwerbewaffneten jungen Männer da; wer will, darf ein Flugblatt haben, sie drängen es keinem auf. Alle, die schon ältere, linke Politikerin, geschäftsmäßig und italienisch elegant, junge Mütter, auch die kleinen Mädchen tragen die Plakate auf dem Leib.

Das Wort für »Vergewaltigung« kenne ich nicht, in der fremden Sprache, doch »sexuelle Aggression« versteht man überall, so kann auch ich mir denken, worum es hier geht: um ein schärferes Gesetz, wie überall.

Die Zinnsoldaten reagieren nicht, posieren; die Rekruten stehen stramm und äugen zu den jüngeren Frauen; der Polizist bleibt in Deckung; der eine oder andere Mann im Publikum lächelt verlegen; die Sondereinheit ist auch eher mit sich selbst beschäftigt.

Der Aufstand der Frauen gegen die Sexualität der Männer findet einfach statt, unaufhaltsam, überall; so wäre es doch besser für beide Seiten, denke ich, am Straßenrand stehend, während ich versuche, zumindest mit den Rekruten Blicke zu tauschen, Blicke des Einverständnisses, des Verständnisses wenigstens, wenn die Männer künftig unter sich blieben, mit ihrer Sexualität.

Diese Rekruten sind ja fast noch Knaben, sehr erotisch, wie die erwachseneren, schon verlobten oder verheirateten Zinnsoldaten auch, samt der ganzen Sondereinheit, in Bereitschaft, aber frustriert, eingeschüchtert, pubertär gehemmt, verschämt geil, alle – und keiner darf sich rühren.

Wegräumen!

Kardinal hätte man sein müssen, vor vierhundert Jahren, in dem Palast da.

Die Schüchternheit überspielt er, aufrecht, stumm, die Hände auf dem Rücken, damit sie seine Unruhe nicht verraten. Er fixiert den fremden Gast wie einen Feind, wenn der Kardinal ihn vorstellt – wie soll man anders einem Fremden begegnen, einem Machtträger, einem Einflussreichen; bei der Begrüßung senkt er rasch den Blick, den Lockenkopf, mit einem Anflug knabenhafter Bescheidenheit, während ihm die Röte unwillkürlich ins Gesicht schießt.

Eine Hand tätschelt seine heiße Wange; er hört das Kompliment nicht, riecht den Puder, spürt die Gunst: Wohlwollen, natürliche Freundlichkeit, mit der ein Machtträger sich nichts vergibt; es bedeutet gar nichts.

Er kann nur artig sein; der kleine Bub wieder, der eine unbestimmte Frucht schält – nur als Kopie erhalten, in Privatbesitz.

In diesem Kreis ist er bloß jung, furchtbar jung, anmutig, lustig; für ältere Herren in einflussreichen Positionen sind alle jungen Leute lustig (weil sie so einflusslos sind, ungefährlich), einer von den Kleinen aus dem Anhang des Kardinals, die neueste Akquisition.

Ganz am Anfang, bevor er sich auf diese Art verkaufen wollte, halbnackt, lockend, übernächtigt, mit dem entzündeten Blick, der einem aus dem Bild heraus anspringt, muss er doch ein argloser Bub gewesen sein, noch viel argloser als das Früchtchen mit dem Früchtekorb, dieses Kind, das in der Küche sitzt und folgsam Früchte schält – in der Werkstatt dieses Cavaliere wohl, für den er diese Früchte malte, nichts als Früchte, eine Weile lang, als Beiwerk zu den großen Bildern, handwerklich geschickt, mit Sorgfalt, noch unberührbar, man darf ihn bei seiner selbstlosen Aufgabe nicht stören, fast verschluckt vom dunklen Hintergrund. Dann hat ihn der Kardinal ans Licht gezerrt.

Wortlos, mit einer weiteren Verbeugung, tritt er den Schritt, den er getan, zurück.

Intime Freunde; der eine oder andre hat sich eben eine Kapelle gekauft und wird sie ausschmücken lassen, die erste Chance für einen öffentlichen Auftrag.

Der Kardinal hat ihn wohlvorbereitet, mit spitzen Randbemerkungen zu jedem Gast: liebenswürdige Bosheiten, er brachte den Jungen zum Lachen. Ein dankbares Publikum, das schätzt der Kardinal. Der Junge ist begierig, aufmerksam, ehrgeizig, mit Sinn für Ironie, aber noch unverdorben genug, so dass der Kardinal nicht zynisch werden muss, um Wirkung zu erzielen.

Zum Schluss präsentiert er ihm den Gastgeber, mit der geringsten Zurückhaltung, aber mindestens ebenso liebenswürdig, der Bub hätte es fast nicht gemerkt.

Er nimmt das Gesicht des Jungen in die Hände, gepflegte, kühle Hände, und drückt ihm einen Kuss auf die breiten Lippen, als wären sie Brüder, und als wäre dieser prunkvolle Palast ein Kloster. Es ist nicht das hübscheste Gesicht, das der Kardinal je festhielt, doch es gehört dem außergewöhnlichsten Jungen, den er je zu sich genommen hat, davon war er überzeugt, seit er das Bild der Falschspieler gesehen hatte.

Wie unter Verschworenen, Komplizen.

Der Bub hat es gern, wenn sein Gesicht geborgen ist, diese Hände sind angenehm. Er spürt das Vertrauen und die Vertraulichkeit, wenn sie allein sind. Er ist stolz auf die Gunst des Kardinals, sein Einfluss ist ihm nützlich, seine Freizügigkeit (wenn sie allein sind) findet er lustig; auch ältere Herren können (für sehr junge Leute) lustig sein, wenn sie so tun, als nähmen sie ihren Einfluss, ihre

Macht, die Bildung und den gelehrten, gesellschaftlichen Umgang gar nicht ernst, all dies, was sie für junge Leute erst attraktiv macht und ohne das sie nichts wären, nichts als alternde Männer, deren Körper schon zerfällt, unappetitlich, einsam, langweilig, mit ihrer Trauer, ihrer Angst vor dem Zerfall und ihrer Sehnsucht, heiße Knabenwangen bloß zu tätscheln, unbeholfen und verschämt, peinlich.

Sie müssen etwas bieten, pausenlos, mindestens ein wenig Geld.

Der Kardinal weiß eine Menge, nicht so trockenes Zeug wie dieser Peterzano mit seiner Perspektive, seiner Statik, sondern Ungewohntes, überraschend in der gedanklichen Verbindung von weit Entlegenem, spekulativ und kühn, anregend.

Der Bub braucht sich gar nicht zu verstellen, er spielt instinktiv mit, sonnt sich in der Aufmerksamkeit, die der Kardinal ihm schenkt, der sich seinerseits sonnt in der Aufmerksamkeit des Jungen, der aufblüht, wie der Kardinal aufblüht, pfauenhaft beide, verspielt; der Kuss, das Wangentätscheln sind ganz selbstverständlich, überhaupt nicht peinlich.

Sie spielen das gleiche Spiel, der Kardinal, der Bub, jeder in seiner naturgegebenen Rolle, nur wissen das die anderen nicht. Noch nicht. Jedenfalls nicht so genau. Die anmutigen Knaben gehören zu dem Kardinal wie zu vielen anderen Kardinälen auch – Frauen oder Mädchen im gleichen Haushalt wären bloß Anlass zur Versuchung –, und unter den Knaben gibt es jedes Mal einen Favoriten, einen Liebling, immer wieder einen anderen, je nach Laune, austauschbar.

Wechselnde Begleiter, Satelliten, Schatten, die einfach da sind, unauffällig folgen, auf Verlangen artig lächeln, knabenhaft erröten, bescheiden ihre Blicke senken, sich die Wangen tätscheln lassen, nicht viel sagen; man vergisst sie rasch, sofern es keine engelhaften Erscheinungen sind, die allein durch ihre Anwesenheit alle Gespräche in den Schatten stellen, nichts als Schatten dann die Herren,

Fürsten, Kardinäle, der eine oder andere erinnert sich, das gab es auch schon hier, es waren nicht die angenehmsten Abende, merkwürdig befangen. Der da ist kein Engel, dunkel, klein, etwas verwachsen.

Allmählich wird er ungeduldig, unruhig, während die Gesellschaft sich ohne Hast, mit viel Gerede seinem Werk nähert, den Falschspielern, *seinem* Winkel in dem Saal. Er weiß, dass es jetzt gilt, dass von der Reaktion dieser Herren abhängt, ob er austauschbar bleibt, ein Liebling bloß auf Zeit, der weiterhin auf Verlangen mehr oder weniger witzige Putten malt, für diesen eher privaten Kreis, bis dem Kardinal auch das langweilig wird, oder ob er aus dem Schatten tritt, als Favorit, berühmt.

Das will er, nur *das* weiß er jetzt; er will öffentliche Aufträge für seine Kraft. Auch die Falschspieler sind noch sehr privat, gefällig, ein Versprechen erst.

Er darf den Kardinal, seinen Gönner, nicht enttäuschen, bloßstellen durch Versagen, vor den Herren.

Überhaupt wird er immer unruhig, wenn zu viel geredet wird; sie bleiben schon wieder stehen, nehmen einander beim Arm, freundschaftlich um die Schulter, so dass er fast in sie hineinstolpert, mit seiner ländlichen Ungeschicklichkeit.

Lauter Persönlichkeiten, die viel Zeit haben.

Der Marchese, ein gelehrter, frommer Mann, der von einer Messe zur nächsten läuft, als wolle er keine einzige verpassen, muss zu jedem Tizian, zu jedem Botticelli, den er längst kennt, einen neuen, kenntnisreichen, aber wenig inspirierten Kommentar abgeben, ein grässlicher Pedant.

Wenn sie jetzt enttäuscht sind, von ihm, von seinem Bild zwischen all den anderen, längst weltberühmten Bildern, die sie so intim kennen und schätzen, jeder auf seine Art, dann ist er erledigt, ein dummer, hässlicher Bub aus der Provinz, der bestenfalls noch seinen Hintern zur Verfügung stellen kann, für kurze Zeit, für wenig Geld.

Als wäre er selber überhaupt nicht ungeduldig, scherzt der Kardinal, lässt sich auf lange Exkurse über Komposition ein, pariert kleine Provokationen – und wirft ab und zu rasch einen Blick über seine Schulter, amüsiert.

Das Kind soll ruhig ein wenig zittern, stolpern; knabenhafte Ungeschicklichkeit ist anmutig, da sieht man erst so recht, was an dem Knaben alles dran ist; auch der Angstschweiß schmeckt dem Kardinal, wie jeder Knabenschweiß; dieses Erröten und Erblassen, wie in den Schauern der Erregung, dieses Beben der Nüstern, bei den Knaben, gleich aus welcher Ursache, mag er sowieso. Außerdem, und dies ist Berechnung, soll sich der Bub an das Lampenfieber gewöhnen, Fieber gehört dazu, ein Künstler, der vor seinem Publikum nicht mehr zittert, der nicht mehr Todesangst ausschwitzt, der leistet nichts Anständiges mehr. Und vor seinen Auftraggebern, diesen Kunstrichtern, die ihn berühmt machen oder austauschen, zittern leiden schwitzen soll er da erst recht.

Daran will der Kardinal sich weiden; den Bub will er, die Bilder, als Kapital, das sich vermehrt, den Ruhm, den er ihm bringt.

Der Kardinal verrät nichts; sie sollen's selber erraten, für (fast) alle Spielchen, die der Kardinal mag, ist dieser Kreis intim genug; im Hintergrund, neben dem Bub, verkneift er sich ein Lächeln.

Ganz unergründlich zweideutig sieht das aus, nicht lustig, nicht sehr würdig, eher irritiert, ertappt, herrisch und verärgert.

So mach schon, mal mich, wenn es denn sein muss, weil es sich so gehört und weil du womöglich denkst, das freut mich, ich weiß doch selber, wie ich aussehe, und gefallen muss nicht ich, niemandem, sondern die anderen mir, ich bin der Kardinal, und das genügt.

Doch auf dem Geldschein, dem Hunderttausender, ist nicht der Kardinal (von dem es nichts gibt als das Bild, ein paar nichtssagende diplomatische Briefe, zweifelhafte Geheimberichte); auf der Banknote, die durch hunderttausend Hände geht, da ist sein Bub, der Caravaggio, raffiniert verfälscht, gezähmt, mit einem Lächeln fast, mit Sex-Appeal, adrett und telegen und gar nicht fremd; kein Staunen mehr.

Jetzt nehmen sie den Jungen, wie erwartet, ernst, als sähen sie ihn zum ersten Mal. Der Kardinal beschließt bei sich, die Bacchi nicht zu zeigen, nicht aus Scham (Scham kennt er im Grunde längst nicht mehr), bloß um den Eindruck nicht zu verwischen. Die Falschspieler verraten mehr Komposition, im Umgang mit mehreren Halbfiguren mehr Technik, mehr Geschick.

Die Persönlichkeiten beziehen ihn in ihre Konversation jetzt ein, der Marchese nimmt ihn beim Arm, stellt Fragen, der Bub ist verwirrt, plötzlich soll er eine Meinung haben, ein Konzept formulieren; ein Schönheitsideal. Der Bankier aus Genua will einiges über seinen Lehrmeister wissen, über sein Verhältnis zur venezianischen Schule, zur lombardischen Tradition, der Schatzmeister des Papstes über seine bisherigen Erfahrungen in Rom, über Auftraggeber, Käufer.

Die Anspielungen auf seinen verpflichtenden Vornamen mag er schon gar nicht.

Jetzt müsste er reden.

Der Kardinal lässt ihn schwimmen, aus pädagogischen und diplomatischen Gründen.

Er ist nicht gut im Sprechen, im Umgang mit Wörtern, so braucht er ein paar Formeln, einprägsam, endgültig, die er einfach wiederholen kann.

Ich male nur, was ich sehe, sagt er schließlich, und weil das Malen eine langsame Sache ist, faulen mir die Früchte, die ich abmale, so male ich sie angefault.

Er spürte doch, dass diese Persönlichkeiten wollen, dass er neu ist, und verriet nicht, wo er klaute, so wie die anderen auch klauten, perfekter und geduldiger als er, bessere Kopisten, bessere Zeichner. Die Perfektion eines Michelangelo oder eines Leonardo würde er doch nicht erreichen und wäre als Kopist bloß schlecht gewesen; so verspottete er, allmählich etwas kühner geworden, die Tradition.

Er ließ nur die Natur als Lehrmeisterin gelten; darum war er so lange barfuß und in abgewetzten, zerrissenen Hosen, im geflickten bauschigen Hemd durch Rom gezogen, hatte für Straßenhändler gearbeitet, Freundschaften in finsteren Spelunken geschlossen, mit anderen Gassenbuben, auf der Suche nach dem richtigen Modell, um das Leben zu studieren.

Eigentlich ist er das Kind besserer Leute, Landadel, sein Vater war ein Vertrauter des Landgrafen gewesen; er hätte auch als Maler ein bequemes Leben führen können, wie der Cavaliere und die andern – ohne Wagemut, ruhig und akademisch. Doch das kannten diese Herren schon.

Er hat kein Ideal, kein Konzept, keine Absicht, er will genau sein und vertraut nur seinen Augen.

Da hatten sie ja ihre Sensation, den jungen Bilderstürmer, den sie brauchten, für ihre Sehnsucht nach Abbildern irdischen Fleisches, als Reiz für ihre verwöhnten Sinne bei der stillen Andacht, soweit es nur die öffentliche Schicklichkeit erlaubt.

Der Schatzmeister des Papstes und der Bankier aus Genua dachten schon an die Altäre ihrer Kapellen; der fromme Marchese an die stilleren Winkel seiner noch heute berühmten Privatsammlung; mit zwiespältigen Gefühlen dachte der Kardinal an seinen

Freund, den unvorsichtigen Galilei, und an die möglichen Folgen solch knabenhafter Kühnheit, aus dem Mund seines ahnungslosen Schützlings.

Das konnte ja spannend werden; doch so weit war es noch nicht. Zunächst hatten alle Appetit bekommen.

Es sollen doch nicht immer bloß gewöhnliche Fruchtschalen sein, mit faulendem Tafelobst?

Dem Augenblick wortlosen Erstaunens unter seinen Freunden kam der Kardinal zuvor: So hätten sie *alle* beim Essen auch etwas fürs Auge.

Es verschlägt einem im ersten Augenblick den Hunger, als wäre es nicht echt, ein Arrangement aus Attrappen, das man, wenn man zulangt, zerstört.

Der Kardinal sah es, verzerrt gespiegelt, glänzen in den Augen seines Jungen, er musste sich ein Lächeln verkneifen, über sich selber; ein etwas billig erzielter Effekt, doch er war verliebt in die Überraschung der anderen, solange er sie selber präzise inszeniert hatte.

Alles war sorgfältig arrangiert; doch vor lauter Einzelheiten sah der Bub die Komposition nicht mehr, geblendet von den Lichtreflexen im Silber und im Gold, im venezianischen Glas, in dem die Farben der Blumen und der Früchte schimmern, im Perlmutt der geöffneten Austern.

Lauter kleine Leckerbissen, von denen man nie richtig satt wird, so dass man endlos weiteressen kann, keine Völlerei, das wäre schlimmer als Unzucht, ungesund.

Als hätte nie Hungersnot geherrscht in Rom, der Bub hatte sie eben überstanden. Dass ihm an dieser Tafel ein Platz zugewiesen war (ganz unten, als Bestandteil des Arrangements), erfüllte ihn mit

Stolz und mit Befangenheit; jetzt gehörte er zu dieser Welt, in der es keinen Mangel gab, nur Stil.

Er sah die Schönheit in den Formen einzelner Gebrauchsgegenstände, einer Becherschraube, eines Römers, eines Zinntellers, eines Fayencekruges, eines Henkelkruges in unterglasurblauer Malerei, einer Schale aus Chinaporzellan, Importware, der neuste Schrei – doch gemalt hat er das nie.

Er hielt sich an die einfachen Formen; an die Glanzlichter im gewöhnlichen Glas, an die Farbe des Weines, Bernstein oder Samtrot, die Luftbläschen auf der Oberfläche, um den Augenblick des Einschenkens festzuhalten, in den schlichten Karaffen ohne Verzierung, wie in einem Stundenglas – während er die Verzerrung der Gegenstände dahinter, durch die Brechung des Lichtes, schon nicht mehr sah oder vergaß; wichtiger als die Korrektur des Brechungswinkels war ihm, auf dem Glaskrug, die verzerrte Spiegelung eines unsichtbaren Fensters außerhalb des Bildraumes, zur Öffnung dieses intimen Chambre séparée nach außen, aber von innen gesehen, bloß aus einer anderen Perspektive, gegen jede Regel.

Um dieses nachträgliche Fenster in eine andere Wirklichkeit geht es, das man erst nach längerer Betrachtung sieht, nicht um die zweifelhafte Putte.

Einheimische Früchte genügten ihm, um die Verderblichkeit zu zeigen, wenn es sehr heiß ist, die Feigen, Kirschen, Pfirsiche braucht er, wenn es sehr heiß *wird*, die Rosen für die Liebe (zwischen der verderblichen Ware), die Lilien als Symbol der Keuschheit, Blumen mit Bedeutung. Ein irdener Weinkrug (dies ist mein Blut), ein Laib Brot (für die Gebärde des Segnens), und nur dieses einzige Mal, vor dem Auferstandenen in Emmaus, ein gebratenes Huhn: fast ironisch, wie der kleine Früchtekorb, der aus dem Bild kippt, als Selbstzitat – sonst würde es zu schwer, zu bedeutungsvoll, schließlich sind es

Menschen, auch der leibhaftig Auferstandene (nach Dogma), und die brauchen etwas Rechtes zum Essen, beim Abendmahl.

Doch hätte er all das malen wollen, was er auf dieser (wahrscheinlich marmornen) Festtafel sah (wie es die Niederländer später taten), so hätten die Menschen keinen Platz mehr auf dem Bild gehabt.

Und um die Menschen geht es, trotz des Fensters in die andere Wirklichkeit: Auf einer Insel aus Licht, im dunklen leeren Raum, der wächst, ein paar Menschen.

Sie hatten ihn, am Rand des Kerzenscheins, vergessen; beschäftigt mit Sehen, vom Wein benommen, den er zu schnell trank, gegen die Befangenheit, im Kampf mit dem Panzer und den Scheren des Hummers, gelangweilt von der höflichen Konversation, begriff er nicht gleich, wovon sie jetzt sprachen.

Warum aber, fragte der Kardinal, ist dann die Nacht schwarz?

Der Bub erwachte für Augenblicke aus seinem Stillleben, lernbegierig; natürlich wollte er lernen, wie jeder Bub, solange er nicht *musste*.

Wenn also, fuhr der Kardinal fort, die Sterne Sonnen von der Art unserer Sonne wären, so müssten doch all diese Sonnen unsere Sonne überstrahlen, die Feste des Himmels wäre taghell beleuchtet.

Und das ist sie nicht, und folglich sind die Sterne keine Sonnen, schloss der Marchese.

Die Sterne sind zu weit weg, erklärte Guidobaldo, des Kardinals vorsichtiger Bruder; die Sterne sind zu klein, sonst müssten sie auch bei Tag leuchten, und es würde nie Abend und kein anderer Morgen, behauptete der Bankier; es gibt bloß zu wenige davon, sagte der Kardinal nachdenklich und hatte damit die richtige Lösung gefunden (fast vierhundert Jahre zu früh, zweifelnd noch, und auf Grund falscher Prämissen).

Dem Marchese leuchtet die Erklärung ein: Dann sieht man nachts in den Zwischenräumen zwischen den Sternen die schwarze Außenwand des Himmels über den Sphären, so, wie man in einem kleinen Wäldchen in den Zwischenräumen zwischen den Bäumen den hellen Waldrand ringsum sieht.

Aber das sieht nicht aus wie eine Wand – der Vergleich wollte dem Kardinal nicht recht gefallen: Blieben wir bei Eurem Bild, so wäre das Universum ein ziemlich großer Wald, und angenommen selbst, die Bäume stünden licht, so könnte das menschliche Auge den Rand nicht erreichen; Ihr sähet dann nur einen undurchdringlich tiefen Wald, in unserem Falle also wiederum ein Meer aus Licht, das immer dichter würde – wie die Bäume, je weiter sie entfernt sind, immer dichter beieinanderzustehen scheinen, in einem vergleichbar großen Wald.

Schwindlig vom schweren Duft der Blumen, von den vielen Kerzen, die den Sauerstoff aufzehren, von der Anstrengung, die Sterne als Bäume zu denken und sich einen Wald aus Licht vorzustellen, sah der Bub die Wände des Saales plötzlich wegrücken, die Kassettendecke verschwamm ihm vor den Augen, und die einzelnen Kassetten waren Löcher in die Nacht, die mit dem kühlen Hauch des Weltalls in den Saal einströmte, während ihm heiß wurde, kalt, in der Erregung. Ein schwarzer Raum, und darin eine Festtafel voller Stillleben, an der gelehrte Persönlichkeiten, erstarrt in ihren Posen, über Weltbilder höflich streiten.

Doch er begriff schon, während er den Nachtraum spürte, diese astronomische Entfernung, die auch der Kardinal kannte, auf andere Art.

Natürlich schwieg der Bub, wie es sich gehörte.

Je weiter nämlich, mit den neuesten Hilfsmitteln, erklärte der Kardinal, Ihr blickt, umso dichter stehen die Sterne, beim Wald hingegen wäre es, mit diesen Hilfsmitteln, umgekehrt: Da kämt Ihr mit den Augen bis zum Rand.

Teufelszeug – nervös, mit seinen kurzen feisten Fingern, entblätterte der Marchese seine Artischocke: Außerdem stehen sie nicht still, die Sterne, wie die Bäume.

Sonst hörten die Engel keine Sphärenmusik, antwortete der vorsichtige Bruder, pedantisch, und mit einem Lächeln.

Es sei denn, der Wald wäre unendlich, fragte der Bankier unschuldig, wie nur Bankiers sein können, sachlich, sorglos, etwas unaufmerksam von dem schweren Wein.

Dann sähet Ihr am Ende trotz aller Hilfsmittel wieder nur die Wand aus Bäumen, bei einem unendlich großen Wald, antwortete der Kardinal, aber Ihr seht noch immer nichts als Nacht, schwarz, nichts als schwarz, auch zwischen den am weitesten entfernten Sternen, die Ihr von bloßem Auge gar nicht sehen könnt, und ein Flimmern noch von weiter entfernten Sternen, die gar nicht mehr aussehen wie Sterne.

Eher wie Nebel, Nebel aus Lichtstaub.

Die Unendlichkeit, die Leere, die Entfernung machten dem Bub Angst, ein Schreck, gemischt mit den Schauern der Neugier, selbst, mit diesen Hilfsmitteln, einen Blick in die (verbotene) Unendlichkeit zu tun.

Das Universum ist nicht unendlich, entschied Guidobaldo, ernst.

Dann werden die Sterne eben immer kleiner, je weiter weg sie sind, oder es gibt einfach zu wenige, das ist doch beides, selbst bei einem endlichen Raum, als Erklärung möglich, versuchte der Bankier zu vermitteln, nun auch etwas erschrocken.

Der Himmel ist eine Feste und trennt die Wasser über der Feste von den Wassern unter der Feste, zitierte der Marchese sinngemäß, obwohl er nun selbst schon nicht mehr wusste, wo jetzt oben, wo unten wäre, wo Wasser, wo Land ...

... und alles bewegt sich, murmelte der Kardinal; wenn man zu weit hinausblickt, stürzt man in den unendlich leeren Abgrund, spärlich erhellt von vereinzelten Sternen, die sich immer weiter in den Nachtraum der Finsternis entfernen, der sich ausdehnt.

Doch das verschluckte er, mit einer zuckenden Auster.

Sie müssten eigentlich das Auflodern des Feuers noch gehört haben, an den offenen Fenstern ihrer Paläste, das Krachen in den Hölzern, das Knistern des Funkenregens; den Schein des Scheiterhaufens haben sie bestimmt gesehen, wenn sie ihn sehen wollten.

Der Campo de' Fiori liegt ganz nah.

Heute verbrennen sie die Überreste nicht mehr, sie karren sie bloß weg, wenn sie die Buden gegen Mittag abbrechen. Der Rest, angefault, aufgeplatzt, zertreten auf dem Kopfsteinpflaster, ist für die Tauben; die Blumenfrauen bleiben.

An einem Holztischchen, am Rand des Platzes, auf dem schmalen Gehsteig, zwischen anderen Touristen, bei Mozzarella, Tomaten, Basilikum (den Landesfarben, Dantes Farben), bei einem halben Liter Wein (dem schweren, herben, kühlen mit der dunklen Bernsteinfarbe), während die Marktfrau (eine kleine Alte, die den übriggebliebenen Lauch putzt für den nächsten Markttag) sang, leise, monoton, für sich, und ihre großen jungen Enkel die Schirme abbauten, die Sonnendächer, Stangen, Bretter, Tische, still, aufeinander eingespielt, geschickt wie Akrobaten, kamen mir die Tränen, lautlos heulte ich.

Ein Reflex, eine Fehlschaltung zwischen Vagus und Sympathikus; ein halber Liter, schon am Mittag, ist zu viel; dieser Singsang ist zu viel, wie eine Liturgie, als redete sie zu ihrem Lauch – dieses

Gesicht, wenn sie einen Augenblick im Singen innehält, eines der Lauchkistchen wegträgt, zu den anderen Lauchkistchen: eine Maske, asketisch, zeitlos, hart.

Diese Unerreichbarkeit der großen jungen Enkel, die den Familienmarktbetrieb wegräumen; räumt mich auch weg, bitte, ich bin ja überflüssig; Statuen, im Augenblick des Balanceaktes, unberührbar.

Er kann lächeln; manchmal sieht es wirklich aus, als lächle er, kaum sichtbar unter der Kapuze, nicht erhaben über allem, sondern mit gesenktem Haupt, aber aufrecht, verhüllt, versunken; eine dunkle Gestalt, von der Sonne überflutet, Tauben ruhen aus auf seinen Schultern.

Er hat gekämpft, mit Worten, argumentiert, gerechtet; nicht bloß im Eifer, stur, auch mit Witz, mit Spott, nicht nur theoretisch, auch in Geschichten, Komödien, Fabeln. Jetzt feilscht er nicht mehr, schweigt und bleibt dabei. Er nimmt das Todesurteil hin, ein abtrünniger Dominikanermönch, verwilderter Hund Gottes, ein Ausgestoßener, ein Ketzer, ohne Bitterkeit und ohne Hoffnung auf das Urteil der Geschichte, bloß unverbesserlich, ein wenig traurig, vielleicht mit einem müden Lächeln.

Ein Jude hat ihn hier aufgestellt, auf diesem Platz, dem eine Kirche fehlt, Seiner Heiligkeit zum Ärger, aus Bronze und aus Trotz.

»Weil er die Wahrheit sagte«, sagen die Anwohner heute, stolz und mit Bewunderung, aber sehr vereinfachend; »ein genialer, aber unglücklicher Mann«, den sein »ungestümer Bewegungsdrang über jede Grenze hinaustrieb«, »besessen von der Unendlichkeit des Weltalls«, besessen eben, heißt es, offiziell, zumindest noch unter Pius dem Zwölften.

Gott, als Persönlichkeit, hat er weggeräumt; die Hoffnung auf einen Rand des Universums und auf die freundliche Freiheit eines

Schöpfers jenseits hat er ihnen weggenommen; die andere Wirklichkeit ließ er, als Wirklichkeit, nicht gelten; das geschlossene Weltbild hat er zerstört; nicht nur naturwissenschaftlich beweisbar (mit dem kalten Auge dieser optischen Hilfsmittel), sondern ideologisch, mit allen unbeweisbaren Konsequenzen.

Doch so ernst nahmen sie es gar nicht; wohlwollende Richter, heißt es; es ging um einen Kompromiss, nicht um die Wahrheit.

Und jetzt steht er da wie eine Kirche, auf dem Marktplatz, wo sie ihn verbrannten, «weil er die Wahrheit sagte» und nichts widerrief. Darum bringen sie ihm noch immer Kränze. Und darum, denke ich, brachten sie ihm den toten Pasolini, den anderen Unverbesserlichen, Ausgeschlossenen, Verfemten, der auch keine Grenzen wollte, sondern alles, von Knabenhaar besessen, von ausrasierten Nacken, unerlösbar, besessen eben, so dass ihm am Ende nur Scheiße blieb, Scheiße, Pisse, Blut –

Hier finden Trauerfeiern statt.

Die Inschrift ist ein Rätsel. Kaum mehr lesbar.

Ich rätselte noch bis zum frühen Abend, bis die Sonne verlöscht ist, blau das Licht, die Tauben schlafen und die Schwalben über ihn hinwegsirren, während junge Leute aller Sprachen auf seinem Sockel hocken, ihm zu Füßen.

Einzig »in rogo« verstehe ich auf Anhieb.

Auch ich habe mich zu ihm gesetzt (neben einen Jungen mit diesem sehr direkten Blick, stumm, weil ich die richtige Sprache noch immer nicht gefunden hatte, als schon ein anderer ihn ansprach).

»Ove« könnte von »jubeln« kommen, doch die Verbform (falls es überhaupt ein Verb ist) stimmt nicht.

Ich habe ihn umkreist, rund um den schon leeren Platz, am Rand gewartet, vor dem Kino (wo das Theater des Pompeius stand, wo der

Tyrannenmord geschah), weil ich nicht wusste, was ich noch anfangen sollte, nachdem sie auch den Blumenmarkt abgeräumt hatten und die jungen Leute weggeräumt waren – übriggeblieben mit den streunenden Hunden, den Ruinenkatzen, er, Giordano Bruno, der Nolaner: ein finsterer Rücken, gebeugt ein wenig, im kalten, bösen Licht des Monds.

Überflüssig, ich, als Erzähler, in der Nacht dieses fremden Sprachraums, ausgeliefert der Notwendigkeit der Naturgesetze, die längst unwiderruflich sind, der Gleichgültigkeit des Weltalls, ohne Gott.

Ein furchtbarer Rücken, nach Einbruch der Nacht.

Es heißt, dass sie am Rauch erstickten, bevor sie noch den Schmerz des Feuers spürten.

Nein, sie wollten es bestimmt nicht sehen.

Vergessen wir die Nacht, beschließt der Kardinal, und freuen wir uns noch eine kurze Weile an der Sphärenmusik der Engel.

Unchristliche Engel; heidnische Eroten, auch wenn ihnen im Laufe der Jahrhunderte die Flügel abhandengekommen sind; ein wenig verkleidet, in den bauschig weißen Tüchern, die die Schultern freilassen, die halbe Brust, den schönsten Teil des Rückens, locker zusammengehalten von der breiten Schärpe über den Hüften, die durch das Tuch hindurchzuschimmern scheinen, wo der Stoff sich spannt, so dass man, wenn man genau hinschaut, gerade noch die nackte, helle Haut der Hinterbacke ahnen kann.

Unstoffliche Tücher, die mehr entblößen als verhüllen; leicht, als würde sie schon schweben, liegt die schwere Schärpe aus venezianisch rotem Samt auf dem Arm des Lautenspielers in der Mitte.

Junge Musikanten, in antikisierenden Gewändern, mit allerhand allegorischem Beiwerk, als Darstellung der Versöhnung aller

Gegensätze in der musikalischen Harmonie; kein Hohn, kein Spott, nicht der leiseste Hauch von Ironie in diesem Bild.

Leider ist es ruiniert; die Flügel des Eros, im Hintergrund, sind überpinselt, sein Kopf ist modern, die Musik auf den Notenblättern wurde neu geschrieben, in der falschen Zeit. Die kindlich ungelenke Signatur, die sich scheut, den nackten Oberschenkel des Lautenspielers zu berühren, ist gefälscht. Außerdem wurde es mehrfach gefaltet, zusammengelegt, beschnitten. Kürzlich hat man in New York die Szene restauriert, so gut es ging, doch brüchig ist die Farbe da und dort noch immer, und das Gesicht des Eros bleibt verdorben: viel zu vornehm, abgeklärt, beschäftigt mit seinen Früchten (wie dieser frühe Bub am Küchentisch), aber mit schmalen Lippen, die nichts schmecken von der Süßigkeit der Trauben, eine kleine Nase ohne Nüstern, die nichts riecht, kein rechter Bub, den gab es nicht.

Die andern locken wieder mit den Zungenspitzen, halb verborgen, der bitter-herbe Kern in der schon aufgebrochenen überreifen Frucht des Mundes, als hätte es der Kardinal verlangt, wie der Regisseur dieses Lecken der Oberlippen, bei Nah- und Großaufnahmen in den Videos der Stricherkneipen, unbeholfen, aber reizend folgsam.

Den Eros braucht es gar nicht, Beiwerk, um eine Leerstelle auszufüllen, in der Bildecke, kompositorisch schwach.

Allein dass es Knaben sind, nicht Mädchen, die den Herren nach dem Essen zur besseren Verdauung aufspielen, ist ungewöhnlich, ohne Vorbild.

Mario, die Queen im Zentrum, stimmt eben seine Laute; doch warum kommt ihm gleich das Augenwasser? Mario schmachtet, und durch diesen schmachtenden Blick im Zentrum wird das ganze Gruppenbild schmachtend, unerlöst, als könne es nie losgehen, mit dieser Hausmusik, ein ewiges Einstimmen, Locken, Versprechen.

Verschämt und geil; Marios Kindertränen gibt er der Verdauung dieser Herren preis, aber nur die Tränen, den Körper hat er verhüllt mit dieser königlichen Schärpe, während er selber die Unschuld seines Geliebten aus der frühen Römer Zeit zu bewachen scheint, mit eifersüchtigen Augen aus dem Hintergrund.

Sanft, als würde der Körper immer leichter, schwebend, wie die vereinzelten, noch unentschiedenen Klänge der Laute im Raum, beginnt der Flug aus den Wolken, an kräftigen Schwingen, die Wolke (Kissen, Bettzeug) gleitet mit. Sachte wird die Segelflugbahn zur Spirale, ein Luftstrudel, die Körper taumeln, zwei sehr junge Engel, eindeutig christlich, die sich aneinander festhalten, unsicher noch, bei ihrem ersten Barock-Flug. Die antiken Tücher, alte Zutat, flattern in der Bewegung des Wirbels mit. Der Kleine kippt schon, bäuchlings, über seinen großen Bruder, den er unwillkürlich an der Wurzel der Schwinge auf den Rücken stemmt, als wolle er die Kreiselbewegung abwehren und, Abstand wahrend, den Sturz in die kräftigen Arme, die ihn ohne Gewalt umfassen, noch ein wenig aufhalten, während er sich mit der anderen Hand vorsorglich in der Luft abstützt, um die Landung zu dämpfen, die sie beide kommen sehen, den Mund offen wie im Traum.

Purzelnde Buben, Engel, die nie flügge werden, wie Spatzen mit zu großen Flügeln, Knabenspiele, Mario, das Halbwüchsige, das hat er sich bis ganz zuletzt bewahrt; ein atypischer Engelssturz, unklassisch, in Zeitlupe, aus dem Schoß der Heiligen Familie kopfüber in die Nacht der Welt, während die Madonna und das Christkind zugucken, neugierig, ängstlich, aus dem Himmelsfenster.

Es verdreht einem den Kopf, beim Zuschauen, man möchte mitfliegen; eine Erlösung, die achte gute Tat, unheilig, als Zahl, aber heilsam, in der Finsternis des leeren Raums.

Der Kardinal gab sich der musikalischen Erotik seiner Halbwüchsigen hin, mit Rührung, nicht ganz frei von Schmerz, während er sich freute, dass auch sein Bub mitzuspielen verstand, ganz Bub wieder, ohne Kühnheit, ohne Gehabe, verwundert, mit großen Augen, mit erstaunten Brauen: als, über die nackten Schulterblätter seiner Gespielen hinweg, der trübe Blick des Kardinals ihn traf.

Die Violine, aus der reichhaltigen Instrumentensammlung dieses Hauses (eine Barock-Geige, soeben in Cremona erfunden), liegt bereit, die Notenblätter (mit der falschen Musik, inzwischen wieder korrigiert) sind aufgeschlagen: Ihr könnt doch mitspielen, wenn Ihr mögt.

Auch das beherrschte der Kardinal und rühmte sich seiner musikalischen Fähigkeiten.

Ein Dilettant mit Perfektion; ein frühreifer Bildungsbürger, Alleskönner, Besserwisser, Feinschmecker, trotz seines (offiziell gerühmten) wöchentlichen Fastentages, seines (ebenso gerühmten) Marienkults, seiner angeblich ärmlichen Kleidung, ein entfernter Abkömmling der Bourbonen immerhin, der wohl abgetragene, bequeme Kleidung diesem modischen Zeug vorzog, ein Lebemann, stattlich, aber nicht fett, mit Niveau.

Nein, dieses Bild mag ich nicht. Nehme es dem Bub übel, dass er sich selber so arglos verwundert, hübsch fast, mit einer dunklen Locke in der Stirn, artig ins Arrangement dieser erotischen Musikaliensammlung eingepasst hat, ohne jede Frechheit, ohne müdes Grinsen, wahrscheinlich sogar ohne sich am Ende wirklich zu beugen, und zwar vornüber.

Oder doch?

Angesäuselt von dem schweren Wein, aufgekratzt von diesen astronomischen Gesprächen, fröstelnd beim Gedanken an den leeren kalten Nachtraum, rührselig von der schmachtenden Musik, geil von den nackten Rückenpartien, schimmernden Hinterbacken, anschmiegsamen Falten, Lippen, Zungenspitzen, feuchten Blicken, zupft der Kardinal ein wenig an den Schleifen der Schärpen, wenn die Herren gegangen sind und die Kerzen nur noch glimmen.

Oder er verkneift's sich?

Francesco hieß der Kardinal; die Ekstase des heiligen Franziskus war ein beliebtes Thema, ein mystischer Tod und eine mystische Wiedergeburt; dem Erzengel Michael sagt man eine besonders innige Beziehung zu Seelen im Zustande der Ekstase nach.

Ein merkwürdiger Erzengel; eher eine zu groß geratene Putte, die ein wenig dem (verdorbenen) Eros in der kompositorisch schwachen Stelle des Jugendkonzertes gleicht, knabenhaft weich, mit üppigen Körperformen, einem kindlich süßen Gesicht, etwas idealisiert, kein Porträt, der absolute Bub, halbnackt.

Die Komposition erinnert an eine Pietà; zärtlich, mit der Andeutung eines Lächelns, hält dieser Michel Angelo den ohnmächtig hingestreckten San Francesco, der, offenen Auges, wie geblendet, nichts mehr sieht, in seinem Schoß unter den Armen hindurch am Gürtel der Mönchskutte fest, damit ihm der entseelte Leib nicht den Hügel hinunterstürzt in den Nachtraum einer kaum erkennbaren Landschaft, in der ein unbestimmtes Lagerfeuerchen schon fast heruntergebrannt ist, während sich fahl der erste Schimmer eines neuen Morgens ankündigt.

Ein Schimmer nur, kein Tageslicht; kein Scheiterhaufen, ein Feuerchen, das kaum mehr wärmt und nichts erhellt. Ein anderes, stärkeres Licht strahlt, von nirgendwoher, auf den schmächtigen, asketisch ausgezehrten Heiligen und seinen üppigen, proportional zu großen Knabenengel: das Licht Gottes, sagen die Italiener, das in die Finsternis der Welt einfällt; das Licht der Liebe, der Mystik, der Ekstase; ein warmes Licht, das Fleisch geworden ist, in Gestalt dieses Knaben aus der anderen Welt, das Licht der Erleuchtung, das den Bildraum sprengt, die Perspektive stört. Ein irres Licht.

Ein Augenblick von höchstens zwei Minuten Dauer (ich habe es natürlich nicht genau gestoppt) kostet zweihundert Lire.

Nichts; in den Innentaschen meines Kampfanzuges nichts, im Mafia-Gürtel nur dieser Geldschein mit dem telegen zurechtgemachten Porträt der reifen Künstlerpersönlichkeit, den vielen Nullen; schon wieder kein Kleingeld für den Automaten der Lichtmaschine an der Wand.

Es ist zu dunkel; eine unruhige Dunkelheit, Schatten in den Winkeln, flackernde Kerzen in den Nischen und an den Wänden der Seitenkapelle diese undeutlichen Bilder.

Ein Handgemenge; Körperteile, die fahl schimmern, ein schreiendes Kindergesicht löst sich aus dem Hintergrund, eine nackte männliche Gestalt im Zentrum, die erregt auf etwas einschlägt, etwas wegstößt, etwas niederringt.

Das muss der Mörder sein.

Es ist das schreiende Gesicht des Knäbleins.

Der Rest bleibt undeutlich, während ich in meiner Kirchenbank darauf warte, dass andere für mich bezahlen.

Ein zwiespältiges Gefühl; ein Ort für Vermeidungszwänge.

Schon das marmorne Wasserbecken, das man beim Eingang, wenn man es noch gar nicht sehen kann, merkwürdigerweise gleich zu *riechen* glaubt, bringt mich in Verlegenheit. Unbekümmert besprengen andere sich (die auch bloß die Bilder sehen wollen, natürlich auch kein Kleingeld haben, mich fragen) – und ich kann nicht, darf doch strenggenommen gar nicht, protestantisch getauft und konfirmiert.

Jedes Mal mache ich große Umwege, damit ich wenigstens das Glacis vor dem Allerheiligsten nicht überqueren muss, wie ein Rebell, der den Gruß verweigert, aber nicht dafür büßen will.

Verstockt; ich halte mich im Hintergrund, am liebsten im Schutz irgendwelcher Säulen, während ich mich bemühe, so leise wie möglich aufzutreten, damit meine Sohlen auf dem Marmor nicht hallen, um niemanden zu stören.

Schwarze Bojen, vereinzelt in den Wellen der Kirchenbänke, unbeweglich, wie festverankert, Nonnen; als harrten sie auf einen großen Sturm.

Keine Hoffnung, keine Angst – sein stoisches Leitmotiv.

Gewalttätig ist der Bub geworden, zur gleichen Zeit berühmt, mit seinen ersten Altarbildern. Ich kann die Kirchen nicht vermeiden, all seine wichtigen Werke sind Kirchenbilder.

Auf Bestellung religiös?

Überall verstecken sich hier Bilder; ein beklemmendes Gefühl, fast Angst, Angst vor dem Halbdunkel dieser Nischen, Seitenkapellen, in denen etwas sich verbirgt, das ich ahnen kann, aber in der Art optischer Täuschungen, wie als Kind, wenn in der Nacht die Möbel an den Wänden wuchsen.

Ein Torso, von den Knien bis zum Haaransatz über dem ausrasierten Nacken, nackt die Stümpfe kräftiger Oberarme, der Rest ist weggebeugt; die Nackenmuskeln sind verspannt, die Schulterblätter spreizen sich, ein breiter krummer Rücken. In der Gesäßtasche der Jeans steckt ein brauner Taschenkamm.

So bietet er sich dar; den Nacken für das Joch, den Rücken für die Schläge, die Hinterbacken presst er schon zusammen, wie im Schmerz.

Das ist nicht dieses ruhige Harren der Nonnen in der Dunkelheit; ein hellerer Kirchenraum aus blassem Marmor, weit, wie eine nostalgische Bahnhofshalle, ohne Schatten fast, man kann sich nicht verstecken. Überall verstreut Gruppen von Kirchenbänken. Die Schritte hallen, die Stimmen der polnischen Touristen.

Im Hintergrund, gegen eine Marmorsäule gelehnt, zwischen den marmornen Büsten der Päpste, im gleichmäßig grauen Licht, geniert, als wäre ich hier ausgestellt, neben dem Genius des Todes, der gestützt auf sein Liktorenbündel eine pontifikale Gruft bewacht, lasziv hingegossen, nackt, den Mund halboffen, mit blinden Augen wie im Schlaf, in einem Traum, kein aufmerksamer Wächter, warte ich, geil, auf das Gesicht.

Wie sieht ein solcher Beter aus?

Der Junge kann es nicht verstecken; das ist kein Selbstgespräch, ins Transzendentale transformiert, keine Meditationsübung, keine Entspannungstechnik, der hat Schiss, man sieht es an den Hinterbacken.

Der Andere, vor dem er kniet, den Rücken beugt, den Nacken senkt, das ist ein Mann, der stärker ist als er.

Kein Altarbild, das ist zu weit weg; keine Idee, kein Engel, auch nicht die Mutter Gottes (damit, das habe auch ich begriffen, muss man hier immer rechnen) – Mama oder Papa, aber das ist mir fast zu zivil, zu familiär, auf diese Art angebetet kann ich mir eine Mutter gar nicht denken – das ist ein Herrscher, der Kommandant der Heerscharen, ein strenger Gott, ein Vorgesetzter.

Er ist erlöst. Mit einem breiten Grinsen tritt er zu den Kameraden, Ledernacken, kurzgeschoren, austauschbar, trainiert, diese schamlosen Fotoapparate über den T-Shirts, Amerikaner.

Die Sache ist geregelt und erledigt.

Oder doch nicht – nur bis zum nächsten Mal – ganz und gar nicht, nie?

Dumpf, das Grinsen, taub; es ist Dummheit, die Verwirrung – die ihn immer wieder in die Knie zwingt, über die Kirchenbänke wirft, ihm die Finger ineinander krallt, die Arschbacken zusammenpresst, das Fallbeil der Angst im ausrasierten Nacken und im Kopf nur Leere, so dass er nichts versteht, bloß das Gestammel der Angelologie, Wörter, die Engel, unfassbare Männer.

Nur Muskelfleisch der Rest; Körpersäfte, die die Angst ihm aus den Poren treibt, wenn es kommt, ihn umwirft, vornüberlegt, zusammenkrümmt und wegräumt.

Ein schrecklicher Rumpf, der weltbekannte Torso, von Winckelmann gefeiert, von Goethe trotz der beklagenswert zerstörten Epidermis gerühmt, nicht in der Kirche aufgestellt natürlich, sondern ausgestellt im nahen Museum, im Marmorsaal, abgesperrt von einer samtenen Kordel, unberührbar, von Angst durchbebt, vorchristlich, antik. Ein fossiler Leib, versteinert, der sich verzweifelt aus dem Stein herauszuwinden sucht, in die vierte Dimension, in die Bewegung, in die Zeit und zu den Menschen, die ihn bloß von fern bewundern.

Das wäre die Erlösung.

Den klassizistisch lasziven Jüngling, denke ich, halb geil und halb erschrocken über diese plötzliche Erregung im spärlichen Schatten meiner Säule, braucht man wenigstens nicht ernst zu nehmen, als Bedeutungsträger unseriös, aus einer schon zivilen, ziemlich bürgerlichen Zeit, berechnet von den gepflegten Zehenspitzchen bis zu den frisierten Löckchen, auf Hochglanz poliert die Epidermis, gesalbt, geölt, zum Lächeln, ohne Schmerz und ohne Schreck.

Die Märtyrer sind zeitgenössisch; mit Stacheldraht gefesselt, an den Füßen aufgehängt, die Schädel zertrümmert, aufgeplatzt die Brust; die Taube des Friedens, oder der Heilige Geist, stirbt in den Krallen des Adlers. Die Päpste auf dem anderen Flügel der Bronze-Tür, die immer offensteht, hocken da wie fette Geier. Eine glanzlose, diskrete Tür, in der Front der Portale am Petersdom, die nur beachtet, wer stehenbleibt und zögert, noch nicht ganz blind vor Angst oder Erregung.

Der Andere könnte genauso gut ein Teufel sein, falls der dumme Junge auch noch an den Teufel glaubt, er würde es nicht merken.

Der Teufel ist der Andere, immer.

Zeitgenössische Martyrien sind unzweideutig.

Der Knappe, der den Papst bewacht, ist echt, trotz der historischen Landsknechtuniform; strahlend, bäurisch, blond, ein Innerschweizer, etwas versteckt in der Einfahrt hinter dem offenen Gittertor, aber unübersehbar, kein Torso, aufrecht und breitbeinig stellt er sein viel zu knapp verpacktes Fleisch zur Schau, eindeutig auch sein Blick, ein aufmerksamer Gardist.

Wegräumen! Aus dem Verkehr ziehen!

Figuren, die mich aus der dunklen Wand heraus anspringen, einen Augenblick lang leuchten und verlöschen.

Spada heißt der Knabe in Wams und Federhut, so steht es in den kunstgeschichtlichen Quellen, ein zweifelhafter Spitzname. Leuchtender als Matthäus, den Berufenen, trifft das Licht, das von der Hand des dunklen Erlösers ausgeht, ihn, der nicht folgt, nichts begreift, sich bloß ein wenig reckt, auf seiner Bank hinter dem Tisch, in der Vorfreude auf eine Abwechslung, die der Auftritt des Unbekannten in der Wechselstube bringt, sprungbereit, wie sein ebenso keckes Gegenüber. Beides Haudegen, doch man müsste den

Spitznamen in den Diminutiv setzen können; das Gesichtchen, unter dem Federhut, hübsch, unberührt von irgendwelchem Denken, von nichts gezeichnet, kommt auch auf anderen Bildern vor, an der gegenüberliegenden Wand der Seitenkapelle, im Hintergrund, mit einem raschen kühlen Blick über die Schulter, unbeteiligt, nein, damit hat er nichts zu tun, mit dem Martyrium des Matthäus will er nichts zu schaffen haben. Ein Bravo, verwegen, halbadelig, ein Spieler: ein vibrierendes Florettchen, noch kein rechter Haudegen.

Keine Frauen; nicht in der Berufung Matthäi links, nicht im Martyrium Matthäi an der rechten Wand; ein Handgemenge unter Männern, eine Verwirrung knapp verpackter Schenkel unter dem Tisch, dem ein Tischbein fehlt, damit man die Schenkel tänzeln sieht, während noch die Zeitmaschine summt und tickt – ein Kind, das schreit – der nackte Mörder in der Mitte – der Rest ist wieder weggeräumt, mit einem dumpfen Knall, im Finstern.

Zu viel geschieht auf engem Raum; man kann es nicht mit einem Blick erfassen, in höchstens zwei Minuten.

Ich warte nur noch, bete längst nicht mehr. Auswendig gelernt habe ich natürlich das Vaterunser, wie jeder Christ, nichts anderes, als Protestant, doch familiär war mir das nie. Märtyrer, Heilige gab es in meiner Kindheit nicht. Engel nur an Weihnachten, geflügelte Kindsköpfe, zum Aufkleben. Christi Geburt: ein Kindermärchen unter dem Weihnachtsbaum. Keine Passion, nur Fisch am Freitag, weil es am Freitag beim Traiteur die besten Fische gibt, Fisch ist gesund, wegen des Phosphors, für das Gehirn, dann kann man besser Vokabeln büffeln. Ostereier sind unverdaulich. Ein Hausaltar, tatsächlich, auf einer Hopfengärtnerkommode, gefertigt von dem letzten Ebenisten des Berner Ancien Régime, zwei Silberkandelaber aus dem achtzehnten Jahrhundert (die Meistermarke habe ich vergessen), ein chinesischer Bettelmönch aus Elfenbein, eine Suppenschüssel aus der besten Zeit (Böttger, immerhin ein Alchimist), und darüber eine bulgarische Ikone zweifelhafter Herkunft, wahrscheinlich Raubkunst. Schlecht erhalten. Den Teufel kann man gerade noch erkennen, rot, in die gelben Flammen gestoßen von einem Ritter, in der sogenannten guten Stube, die man standesgemäß entweder Wohnzimmer oder, noch besser, Salon nennt. Kein richtiger Altar natürlich, niemand kniet und niemand betet, ein Stillleben aus Erbstücken, die man um Himmels willen nicht zerschlagen darf, vor allem nicht die Suppenschüssel, obwohl dem Böttger die Farbe noch nicht ganz gelungen ist, ein merkwürdig blasses Blaurot, ein missglücktes Mauve, wie verregnete Digitalis, wässrig lila, keine Trauerfarbe.

Doch für mich blieb es ein Altar, wegen dem Teufel.

Aus der Dunkelheit kommen die Plagegeister, mit diesem Geruch nach abgestandenem Wasser. Irrlichter der Angst.

Eine fremde Anwesenheit, kein Gesicht, kein Bild, wenn die Zimmerwände plötzlich wegrücken, die Zimmerdecke wegkippt, der Nachtraum in das sogenannte Wohnzimmer einströmt, mit den Schauern der Erregung, diesem Frösteln, heiß kalt, während die erwachsenen Familienmitglieder zwischen den Stillleben aus Erbstücken, Nippsachen, Suppenschüsseln ins leere Weltall abdriften, auf ihren Liegen Kreuzworträtsel lösen, erstarrt für diesen Augenblick, wie die Sargfiguren auf den römischen oder etruskischen Sarkophagen in den Museen.

Nichts kam; ein Augenblick, der alles wegräumt, für unbestimmte Dauer, unfassbar, nicht festzuhalten, das Auseinanderbrechen der Zeit, die Pendulen stehen still, die Uhrzeiger springen, eine andere Wirklichkeit hinter den Stillleben öffnet sich, verschließt sich wieder, der Andere kündigt sich an, entzieht sich, kommt nicht, nie.

Es könnte genauso gut der Teufel sein, rot, aus den gelben Flammen.

Ein entsetztes Kind, das im Nachtraum, während die Möbelstücke wachsen, die Zimmerwände sich auflösen, allein auf der Insel des Bettes kniend, statt ordentlich zu schlafen, nicht mehr aufhören kann zu beten, keine familiären Gebete, anständig auswendig gelernt, sondern selbsterfunden, rhythmisch aneinandergereihte Wörter, Litaneien, Zahlenkombinationen, Kabbalistik – zählen, bis es kommt, damit es nicht kommt, aber es kommt doch – ist krank.

Die Katastrophe. Der Andere ist überall und nirgends fassbar, ein Bild wäre die Erlösung, doch Bilder sind bloß Kunstgegenstände, Erbstücke, nichts zum Anbeten. In den dunklen Winkeln, in der Nacht, in Hauseingängen, Hinterhöfen, hinter Hausecken, auf dem Schulweg lauert der Andere, der angebetet sein will, sogar auf dem Klo, so traut das Kind sich nicht mehr auf das Klo.

Der Andere ist in mir, die Katastrophe – diese fremde Kraft, die nicht nur mich wegräumt, wenn es kommt, sondern alles, Stillleben, Zimmerwände, Hausdächer, Baugerüste; Dachdecker fallen von den Dächern, Bauarbeiter von den Gerüsten, Autos stoßen zusammen, der Fluss tritt über die Ufer, die Brücken stürzen ein, Flugzeuge explodieren, täglich, überall: wenn ich nicht bete, bin ich schuld.

Ein Kind – klein für sein Alter, schwächlich –, das keinen statischen Berechnungen, keinen Naturgesetzen, keinen kausalen Schlüssen, keiner Logik, keinen Erklärungen mehr traut, den Wörtern der Erwachsenen nicht und nicht dem banalen Zeugungszusammenhang; ein Kind, das überall Zusammenhänge sieht, wo keine sind, und nichts Vernünftiges mehr lernt, nur noch betet oder kotzt, das sich für eine Katastrophe, die Ursache aller Katastrophen hält, ein Monstrum, das nur stört, der Käfer, das Kind, das die Verwandlung kennt –

Zum Teufel mit den Wörtern.

Immer wieder kommen Leute, die auch für mich bezahlen, Kulturtouristen, einheimische Schulklassen, die sich alles erklären lassen müssen, kunsthistorisch, mit gedämpfter Stimme, wie es sich in einer Kirche gehört.

Es braucht keine Erklärung; eine lässige Geste der Hand, die sagt: Komm. Mich meinst du?, fragt die Geste des Berufenen. Die anderen am Ende des Tisches, wo das Licht sich verliert, blicken nicht einmal auf beim Geldzählen, sie feilschen mit zusammengekniffenen Augen, einer trägt eine Brille, halbblind vom Rechnen. Der Einbruch des Unbekannten in den Dämmer der Gewohnheit, an einem gewöhnlichen Tisch; die plötzliche Erscheinung des Erlösers, der bis auf das Gesicht, die rufende Hand im Dunkeln bleibt, ein feingeschnittenes, asketisch männliches Gesicht, ein schöner, herber Erlöser.

Doch schön ist auch die Erscheinung der Gewalt, im Martyrium, an der anderen Wand.

Die Erscheinungen verlöschen, sobald die bezahlte Zeit um ist; Hände, ein Handgemenge unter Männern, die Verwirrung der Schenkel, der Schrei des Knäbleins.

Ein stummer Schrei.

Ich beichte längst nicht mehr.

Wie ein Geldwechsler hockt der Mönch als Halbfigur hinter seinem Schalter, über dem ein rotes Lichtlein brennt, und feilscht mit einer weltlichen Zivilperson, die eine Aktentasche trägt; Geldscheine wechseln die Hand, wahrscheinlich Hunderttausender (als könne man dafür alles haben), während ein schlanker, urbaner junger Mann an der Marmorsäule lehnt, als solle sie ihm helfen, die Last seiner Schuld zu tragen, bis das Geschäft abgewickelt ist und er sie los wird.

Eine Silhouette wie in Bahnhofshallen; den Absatz am Sockel festgehakt, mit vorspringendem Knie, das Standbein durchgedrückt, die Arme vor der Brust verschränkt, den Kopf gesenkt, so dass eine Haarsträhne ihm in die Stirne fällt, die Augen verbirgt.

Mit solchen Blicken, unter Haarsträhnen hervor, kann man locken, schießen, zielsicher, ohne jede Kopfbewegung und ohne Lächeln, finster.

Ein Blick, der die Scham preisgibt, zur Verletzung, gegen Geld.

Neben der anderen Säule setze ich mich auf eine Kirchenbank, am Rand.

Doch er hält den Blick gesenkt, gibt sich nicht preis.

Im Hintergrund leuchtet irgendein Kirchenprunk, warm, wie aller Goldglanz, durch ein Gitter geschützt, wie jeder Schatz, unzugänglich.

Eine heimliche Geschäftigkeit herrscht in der halbdunklen Basilika dieser Marienkirche; in jedem Häuschen, der Wand entlang, unter dem kleinen roten Licht, hockt als Halbfigur ein Mönch in weißem Habit, eine fette Kreuzspinne, die in ihrem Netz wartet, auf dürre schwarze Bettelnonnen in Sandalen, die als krumme Schatten lautlos durch das Kirchenschiff hinter die samtroten Vorhängchen huschen – als gehe von diesem Lilienweiß eine schlimme Magnetkraft aus.

Sünden? Verschämte, heimliche Gedanken, aus den dämmrigen Ecken eines frommen, selbstlosen Lebens zusammengekratzt aus schierer Putzwut, Ärgeres können sie wohl nicht beichten; an dem düsteren jungen Mann ist mehr dran, zum Entblößen, für den Mönch.

Plötzlich kann auch ich mich gegen diese doppelte, unangenehm zwiespältige Anziehungskraft nicht mehr wehren, auf dem äußersten Rand der Kirchenbank sitzend, einem Beichtstuhl gegenüber, der noch halb zu ist, während ich diesen halben Mönch anstarre – als wollte ich den Allmachtswahn der Absolution geradezu herausfordern.

Lange brauche ich nicht zu starren; schon klappt der potentielle Beichtvater auch das zweite Türchen auf, eine Halbfigur ohne Unterleib, leuchtend rein, strahlend fett, freundlich gütig, väterlich, begierig, sofort auch mich zu absolvieren.

Ich kenne doch die Formeln gar nicht; nur die Litanei der Entspannungsübungen habe ich gelernt: reden, analytisch Träume deuten, mit Hilfe der Assoziationstechnik.

Alles beichten; preisgegebene Scham, in der Hoffnung auf die Absolution.

Nein. Ich bleibe sitzen, im Dunkel der geduldigen Säule, lächelnd, stumm.

Die Stimme weckt mich in meinem Winkel, als würde sie mich rufen. Eine klare Singstimme, hallend aus dem Kirchenraum, sehr nah, unfassbar. Sie füllt den Raum mit Text – ein Text, den alle kennen, keine Beichte, keine Botschaft – Liturgie, verbreitet über Lautsprecher, die die Stimme verstärken und über alles Persönliche hinausheben.

Keine Kinderstimme; hell, sehr erwachsen, vollkommen ernst, fest, überzeugend, kraftvoll, ohne Anstrengung und Mühe.

So hat man sich den Engel vorzustellen, nach thomistischer Angelologie.

Dunklere Klangfarben und ein anderer, noch unbestimmter Klangraum schwingen in der Stimme mit, eine unterirdische Krypta, in der die Stimme widerhallt und die Klarheit sich verliert, mit der

Möglichkeit des Absturzes in die noch unvermessenen Tiefen eines anderen Klangkörpers.

Noch ungebrochen, doch die Stimme weiß schon alles, im Voraus; die Ernsthaftigkeit, die Überzeugungskraft ist Trauer, verhaltene Angst.

Die Erscheinung der Gewalt ist seltsam schön.

Das Knäblein, das sich nicht entschließen kann, aus der Bildmitte wegzulaufen, halb abgewandt, halb umgewandt, im Schrei erstarrt, mit flatterndem weißem Gewand, zierlich, in tänzerisch verspielter Pose, ist nicht entsetzt; es ist bloß arg erschrocken, bei einem verbotenen Anblick, ohne zu begreifen, was geschieht, so will es unwillkürlich mit der Bewegung seines ganzen Körpers nichts als weg, in den dunklen Hintergrund seiner Kindheit, doch schon hat es zu viel gesehen, es kann nicht mehr wegschauen, nie mehr.

Oh – sagt das Kind, es schreit nicht.

Eine intime Szenerie, und schrill zugleich, so plötzlich aufleuchtend, dass es einen anspringt, wenn einer Münzen in den Schlitz wirft und die Maschine zu ticken anfängt. Fast wie durch ein Schlüsselloch gesehen: kein monumentales Wandgemälde, eher kleinräumig komponiert, aber zentrifugal, explosiv; ein Aufruhr in einem unbestimmten Kirchenraum, in den von irgendwoher plötzlich Licht einbricht, nicht das Licht Gottes, Luzifer mit seinem Licht.

Eine merkwürdig finstere Leuchtkraft.

Auch der Vordergrund ist dunkel, ein Abgrund; alles geschieht auf engstem Raum, wie zwischen Bühnenwand und Rampe, ein Gedränge, vor dem Johanniterkreuz auf dem Altar im Hintergrund, von Rauch umwölkt.

Der Ruß der Hölle, der den Altar verschmiert.

Das Taufbecken (der Orchestergraben) ist zum Grab geworden, Abgrund, in den alle zu stürzen drohen, aus dem Bild heraus in die reale Welt – und nie stürzen können.

Täuflinge, brutal gestört beim Ritus ihrer Initiation; verängstigt drängt sich der nackte Mann am Rand hinter den Rücken eines anderen nackten Mannes, als wolle er sich keusch verstecken, und zeigt so, leuchtend von der hochgezogenen Schulter an die ganze Flanke abwärts, dem Betrachter aufdringlich seine Hinterbacke, vom Licht im Dunkel plastisch modelliert.

Barock anal; auch der kleine Engel, der sich mit dem Palmzweig des Heiligen Martyriums gefährlich weit über sein Wölkchen vorbeugt, auf das er sich ängstlich abstützt mit der Hand, noch nicht recht flügge, verdreht und windet seinen Körper derart manieristisch und manierlich, dass er dem Betrachter seinen knabenhaften Hintern präsentiert, nackt, griffig, greifbarer als das erschrockene, flatterhafte Kind.

Das sieht ihn nicht, den Tröster-Engel mit dem Zweig, es sieht nur diesen mörderischen Griff, der zugepackt hat, das Handgelenk nie mehr loslässt, endgültig den Griff nach jeglicher Tröstung zu verhindern.

Ein namenloser gedungener Mörder.

Erregt vom Wirbelsturm der Wut, im Zentrum der Szene und des Lichtes, holt er soeben dazu aus, dem alten Heiligen, *allem* Heiligen (und allem Alten), mit seinem Schwert den Todesstoß zu geben, nackt, die Schlaufe des Lendentuches in der Form eines stilisierten, enormen Penis, rücksichtslos schön, mit hübschem Lockenkopf, die Nüstern bebend, mit wildem Mund und einer liebevoll gemalten, fleischig spitzen Brustwarze.

Man könnte damit spielen – andächtig über die hölzerne Abschrankung der Seitenkapelle gebeugt, solange noch die

Lichtmaschine tickt, die andere in Gang gesetzt haben, die auch so hingebungsvoll an der elektronisch gesicherten Barriere lehnen – Zitze der Mutterbrust, weiblich, weich, wie die barocken Hinterbacken, während das Schwert phallisch wäre, wie das Lendentuch – der alte Heilige in seinem blutbeschmierten Bischofsornat, zu Füßen des erregten Sohnes hingestreckt, der Vater, der gemordet wird: Wollte man das Martyrium wie einen Traum, in Freud'scher Art, als Bilderrätsel lesen, als Vatermord und Initiation.

So geht alles Heilige zum Teufel.

Angewidert wie von saurem Aufstoßen ist er selber, der Maler, in Gestalt des heidnischen Königs, der den Mord an dem frommen Mann angezettelt, das Martyrium inszeniert hat, im hintersten Winkel, abgewandt schon (wie als Kind im Vordergrund), als wolle auch er sich wegstehlen, mit den Kumpanen, in die Zerstreuungen der Nacht, inzwischen groß geworden, kein kleiner Günstling mehr, erwachsen endlich – doch er kann nicht wegschauen, angewidert, voller Ekel, ein Finsterling mit Schnauz und Kinnbart, nicht abgefeimt genug, so kühl, gelassen, unberührt und kalt, wie dieser andere, der Haudegen, dieser Spada.

Komm, sagt der Spada, komm jetzt und vergiss das.

Ein hübscher junger Mann, der keine Zeit verlieren will mit dem Zurückschauen, weil da noch gar nichts ist, worauf zurückzublicken wäre.

Ein Pokerface.

So blickt dieser Spada, wenn er würfelt – während er den Wurf auf dem Tresen stehenlässt, verdeckt, kurz bevor er den ledernen Becher lüftet: die Lippen leicht geschürzt, den Unterkiefer vorgeschoben; dieser Mund junger Männer, die entweder darauf pfeifen, oder darauf spucken, oder bloß dreimal scharf nachdenken, während sie den ledernen Becher mit den Würfeln kreisen lassen in der Hand, bevor sie ihn auf den Tresen knallen – der nächste große Wurf.

Ein unbeschreiblicher Gesichtsausdruck, der wortlos alles sagt, was es zu sagen gibt – gar nichts; ein Gesicht, das sich selbst genügt und nichts verrät.

Der Spada ist kaum jünger als er selber, und er weiß, wie er aussieht; der Blick aus dem Hintergrund, auf das Martyrium, könnte auch ein Seitenblick in den Spiegel sein, rasch, über die Schulter des Spada hinweg, im Fortgehen schon, zur flüchtigen Bestätigung, desillusioniert, aber ironisch: alt, für noch nicht dreißig, trotz dieser Locke in der Stirn, ein trauriges Selbstzitat; damit kann er nicht mehr locken; jetzt wird man ihn nur noch fürchten oder ehrfürchtig bewundern, wegen seiner Bilder. Die wollen alle, ihn will keiner mehr; sein Gesicht kennt jeder.

Keiner kennt den Spada, der tut nichts, wofür man ihn kennen müsste, der braucht nichts zu tun, weil er *ist*. Adlig, halb wenigstens, mit etwas Geld und hübsch; den will jeder.

So ein Spada hat immer etwas vor; eigentlich hätte ich Lust, sagt der Spada, wenn er keine Lust mehr hat zu würfeln – kommst du mit?

Der Spada kennt da eine Adresse, eine gute Adresse in einem schlechten Viertel. Man muss jetzt gute Adressen kennen; es ist nicht mehr so einfach, die Badestuben werden nach und nach geschlossen; die Leute haben Angst, achten auf Sauberkeit; wie die Pest ist es, nur langsamer, heimtückischer und heimlicher; nicht einmal ein schöner junger Märtyrer, zum Anbeten, ist dafür zuständig, für solche Krankheiten sind sich die Heiligen zu schad; von diesen Badestuben kommt es, wo es einfach war und lustig, oder von den Franzosen; am Ende wirst du blöd davon: Gehirnerweichung, Rückenmarksauszehrung, natürlich zehrt es dich aus und auf.

Für ihn war es nie lustig, immer einfacher zu zweit, begleitet von einem Spada, der größer ist als er; so lässt er den Spada vorausgehen. Der bleibt einfach in der Türe stehen, sagt nichts, macht bloß sein Gesicht, als müsse er sich erst überlegen, ob er überhaupt Lust hat, sich zu nehmen, was ihm da an den Hals fliegt.

Er überlegt sich doch schon, wie, damit es lustig wird, nicht langweilig, anders als gestern oder vorgestern.

Bei einem Spada ist es immer wie das erste Mal.

Den anderen kennt sie nicht, obwohl das Gesicht ihr bekannt vorkommt, als hätte sie es schon gesehen, aber nicht hier, bei ihr war der noch nie.

Ein Freund. Namen schuldet ihr der Spada nicht, nichts ist ihr der Spada schuldig, er ist einfach da, und das genügt. Es sind immer Freunde. Sie kennt sie fast alle, doch sie macht es hauptsächlich dem Spada zuliebe auch mit den anderen Spadas; der Spada hat gern Zuschauer dabei, sie weiß das, er macht dann länger, bis sie am Ende nicht mehr kann und bloß dem Spada zuliebe weitermacht, mit den anderen Spadas, weil der Spada selber auch gern zuschaut.

Sie knickst artig, tut, wie sie immer tut, ein wenig scheu vor dem andern: Der ist älter, bestimmt auch ein Spada, wegen dem Schwert, aber ungepflegt, klein, schlecht gewachsen. Unhöflich ist er nicht, aber unbeholfen, er steht bloß herum, sagt wenig, mit zu lauter Stimme, ohne Lächeln, keine Komplimente, schwankt und stolpert, als wäre er betrunken, wie einer, der nicht viel verträgt.

Ein merkwürdiger Spada. Der Bart ist unrein; das Haar klebt ihm auf der Stirn; das Wams hat Flecken; nur das Schwert glänzt, frisch poliert.

Das muss ein besonderer Spada sein, ein berühmter Spada, sonst brächte ihr der Spada den nicht. Das Gesicht hat sie mit Sicherheit schon gesehen, aber nicht in dieser schlechten Gegend, nicht spät in der Nacht, sondern in irgendeinem grellen Licht. Auf einem Bild? Eine Verwechslung?

Doch dieses Gesicht ist unverwechselbar.

Einen Augenblick lang ist sie, gegen ihre Art, nachdenklich zerstreut – bis ihr Spada dann in Fahrt kommt; er will es wohl dem anderen Spada, diesem geheimnisvoll berühmten, zeigen. Sie kichert, kreischt, verdreht die Augen, tut, was sie immer tut, nur etwas inbrünstiger als sonst. Dann hat sie eine Weile lang für den andern keine Zeit mehr, keine Augen, in den kampfgestählten Armen ihres Spada, unter den Kunstgriffen seiner starken, gepflegten Hände, geschickt, wie kaum ein andrer Spada, mit perfekter Zärtlichkeit, allgegenwärtig, ihr Spada, mit seinem Mund, mit seinem Atem, seiner Zunge, seinem Liebesgeflüster, als meine er es tatsächlich ernst, phantasievoller denn je, aber auch heftiger, härter, als wolle er sie auffressen, ersticken – als sollte sie nichts anderes mehr sehen als den ehernen Glanz in Spadas Mandelaugen, Bronzeaugen, nie mehr.

Sie musste Luft holen, einen Augenblick lang, über Spadas Schulterblatt hinweg – sie erschrak; so wie dieser Fremde hat noch kein Spada sie angeschaut, überhaupt kein Mann, auch keiner von den anderen, mit denen sie gelegentlich vorliebnimmt, wenn die Spadas zu lang ausbleiben, mit Größerem beschäftigt; Männer halt, die sie lächelnd einlässt, zur Zerstreuung, nicht aus Not, für fast nichts.

Verwundert, mit einem Blick, der sie fixiert, die Brauen hochgezogen, abweisend, die Nüstern gebläht, als hätte er einen üblen Geruch in der Nase, eklig, mit dem ungepflegten Schnauz, der den Eindruck, er zöge die Mundwinkel nach unten, noch verstärkt. Ein weiches, aufgeschwemmtes Gesicht von kränklicher Hautfarbe, grau. Unbeweglich, in einer seltsam stillen Erregung, saß er da; ein wenig schien er sogar zu lächeln, aber nur mit den Fältchen in den

Augenwinkeln, überhaupt ein merkwürdiges Fältchen, links, am Auge, ein irritiertes Lächeln, das hoffentlich nicht ihr galt.

Das war kein Spada; verrückt war der, gefährlich, fremd, aus einer ganz anderen Welt als ihr Spada.

Den hätte sie fast vergessen, bis sie die Stöße wieder spürte, mit verhaltener Grobheit, als wolle er sie zurückrufen, unbeherrscht schon; rasch barg sie ihr Gesicht an seinem Hals vor diesem fremden Blick, mit dem tiefen Seufzer größter Lust. Dringend musste sie ihn täuschen, den anderen wenigstens, der es doch hören wollte, ein wenig davon sehen sollte, von der Kunst.

Der sah sie kaum, nicht sie sah er, dieses Theater; er sah die Hand, die spitzen Spinnenfinger, die über den schutzlos preisgegebenen Rücken fingerten; die Muskeln sah er sich verkrampfen, während die kleine Hand sich plötzlich mit den Fingernägeln in den Nacken des Mannes bohrte, in den Hals, in Fleisch und Haut. Das Blut sah er aus der Halsschlagader spritzen, wie Ketchup sah er es. Den Schrei des Mannes, der noch einen letzten Augenblick lang lebt, die Augen offen, diesen Schrei kann man nicht hören; schon ist die Stimme weg, die an den Leib gebunden ist, die Lungen; der Leib, vom Kopf getrennt, bäumt sich noch auf und zuckt; das Gesicht der Frau sah er, selbstsicher, streng, eine junge Heldin, die einen Augenblick verharrt im Schwerthieb, erbarmungslos, während sie angewidert auf die Sauerei blickt, die sie angerichtet hat. Das Tuch sah er, das man braucht, um nachher aufzuwischen, und das alte Weib, das in solchen Fällen immer dasteht, voller Häme, wenn es etwas aufzuwischen gibt.

Den Spada sah er sterben, die Muskeln, den Hintern im Todeskrampf – und empfand Lust dabei; geil war er, irritiert über seine Lust, verstört von seiner Geilheit, atemlos von der Erregung – als könnte er den Angstschweiß riechen.

Die Frau schrie; dann lag sie still, ein wenig angewidert, während der Mann hilflos über sie hinweggestreckt, noch zuckte, als würde er verhalten schluchzen, plötzlich erstarrte er – und grunzte, zufrieden.

Die hat noch nicht genug, gib ihr den Rest, sagte der Spada, schnaufend, grob, der ließ sich nicht täuschen; aber er war befriedigt; eigentlich ein Babyface, rosig und verschwitzt, mit diesem saugenden Mündchen, satt von der Mutterbrust.

Sie mochte in dieser Nacht nicht kommen; sie gab sich keine Mühe mehr, den anderen zu täuschen, der sie rasch zudeckte und es bloß hinter sich zu bringen suchte, ohne ihr weh zu tun, mit zerstreuter Zärtlichkeit und mit geschlossenen Augen – um nicht länger wahrzunehmen, was er in dem Augenblick gesehen hatte, da der Spada pfeifend abstieg: dieses Hingestrecktsein, ausgeliefert, nackt, missbraucht, mit aufgetriebenem Bauch, von all dem Saft, den diese Spadas da hineinpumpten, vielleicht von einem Kind, mit vielen unbestimmten Vätern, oder von dem langsamen Tod, der sich mit dem fremden Leben bei ihr einschlich; die Hand erschöpft auf diesem Bauch, der nichts als Leid gebären kann, als wollte sie das Kind vor dem eingeschlichenen Tod schützen, hätte aber keine Kraft mehr – die Hand rutscht ab, leblos, tot. Nur Tod sah er, keine Himmelfahrt als Ausgleich; stattdessen alte Männer, kahlköpfig und verheult, fadenscheinig wie die lichtlose Nacht, als kämen sie von weit her, um die tote Mutter ihrer ungeborenen Kinder zu beweinen; der venezianisch rote Vorhang, der bald fällt, ist kein Theatervorhang, bloß ein Farbfleck, ratlos angebracht, weil auch dort, wo ikonologisch das Paradies sein sollte, die Engel, die warten, der dankbare Erlöser-Sohn, nichts ist, nur Nacht.

Das wollte er nicht sehen; so untheatralisch konnte er es noch nicht sehen, selber zu erregt, mit dem Bedürfnis nach Erlösung.

Ein billiges Vergnügen für den Spada.

Großzügig war der andere, er konnte es sich leisten.

Wortlos blätterte er ihr zwei Scheine hin, für beide, legte einen dritten Schein dazu, aus schlechtem Gewissen, weil er zu viel gesehen hatte, mit einer großen Geste jetzt, ein richtiger Spada, und mit einem Lächeln.

Sie erschrak; schaute den Geldschein an, blickte in sein Gesicht, verglich. Kein Selbstporträt, das Phantombild, stark verfremdet. Das Gesicht auf dem Geldschein hätte ihr nicht Angst gemacht; sympathisch, nett, etwas ironisch, wie ein berühmter Mann sich fotografieren lässt, ein wenig süßlich, ein bisschen schwul auf die italienische Art, sexy und adrett.

Der Unterschied liegt in der Mundpartie; auf dem Geldschein ist der Mund flacher, die Lippen sind schmaler, so entsteht die Andeutung eines souveränen Lächelns; doch es ist ein Missverständnis; das Lachfältchen links ist eine Narbe, die berühmte Narbe von dem Schwerthieb.

Er hat mit seinem Gesicht bezahlt.

Giordano Bruno mit dem Leib, dem Leben.

Galilei hat überhaupt nicht bezahlt, widerrufen, ein Zechpreller, wie alle Wissenschaftler, taktisch klug, mit der ruhigen Gewissheit, in der Sache früher oder später recht zu bekommen. Es lohnte sich nicht, das Gesicht, den Leib, das Leben zu gefährden.

Über sein Gesicht gebeugt, vergleichend, entdecke ich allmählich eine neue, verborgene Figur. Der geht doch nicht mit dem Spada weg.

Das Gesicht des anderen, mit dem er weggeht, sieht man erst auf dem Bildausschnitt, der sein Selbstporträt belegen soll, vergrößert in der Reproduktion: ein schwarzer Haarschopf, ein Viertelprofil, ein Stück Flanke, fahl, wie nackt, Beine, Schenkel.

Ein namenloser junger Mann ohne alle gesellschaftlichen Kennzeichen; der trägt kein Wams, keinen Federhut, kein Schwert; eine unbestimmbare Repoussoirfigur, ein zeitloser Unbekannter, der mit einem halben Auge über die Schulter hinweg auf dieses Martyrium zurückblickt, so abgewandt schon, der Finsternis zugewandt, ohne Gesichtsausdruck, den man deuten könnte, dass nicht einmal sicher sein kann, ob der eigentlich den Mord sieht, die Gewalttat – oder bloß ihn anschaut, mit dem er doch weggehen will, verwundert über dieses plötzlich angewiderte Gesicht.

Was hast du denn? Was siehst du? Da ist doch nichts, was dich erschrecken müsste. Angst ist schlecht.

Arglos, freundlich, jung, nichts sonst. Noch kein Weiberheld, noch nicht ein bisschen schwul. Mit dem stiehlt er sich weg, in die Finsternis des Hintergrunds. Der ist ihm näher als der Spada, doch das sieht man erst auf dieser Reproduktion.

Man kann den jungen Unbekannten gar nicht wegschneiden aus dem Bildausschnitt, wenn man, vergrößert, sein Selbstporträt belegen will, man schnitte ihm ein Stück des eigenen Gesichtes weg.

Giovan Battista von den Bänken. Viele Jungen hießen damals Giovan Battista.

Noch immer gibt es die Banchi Nuovi und die Banchi Vecchi, die Neuen und die Alten Uferbänke, Straßennamen in Flussnähe; Schwemmland, eine unsichere Wohngegend, als dieser Fluss noch nicht eingedämmt zwischen Mauern floss. Längst ist er tot, unberührbar, giftig, die Kloake dieser Stadt: Scheiße, Blut, Verwesung. An den Böschungen der breiten Uferwege, die menschenleer sind, als müsse man sie meiden, lädt der Fluss einen kleinen Teil seiner Last ab, farbiges Papier, das im Treibholz hängenbleibt, Gummi, Plastik, Fähnchen, die im stinkenden Wind winken. Unwirklich weiß, auf einer Sandbank im Müll, steht reglos die Silhouette eines Reihers.

Das Badeschiff, vertäut unter der Engelsbrücke, fault, zerfällt; Ganymed mit dem grellroten Dreieck der Badehose, belegt noch in der deutschen Nachkriegsliteratur, ist tot; keine Knaben mehr in Badehosen; das Badeschiff ist unberührbar wie der Fluss. Hier, denke ich, über das Geländer der Engelsbrücke gebeugt, mit Aussicht auf die verlassenen Uferbänke tief unten, am Mittag in der grellen Sonne, wird man höchstens ausgeraubt, ermordet und in die Cloaca Maxima geworfen.

Früher hat man hier gewohnt, ein Handwerkerviertel, das regelmäßig überschwemmt wurde, wenn der Fluss Hochwasser führte; ein Fluss, in dem man badete und fischte; ein Fluss, der Knaben an Land schwemmte, an das Schwemmland, nackt, Giovan Battistas, kleine Täufer.

Knaben riechen gut, wenn sie frisch aus dem Fluss kommen, so metallisch, von der Sonne warm, nach Silberglanz unter den Schultern, zwischen ihren Schenkeln – geil – geil war ich, an dem Geländer stehend, auf der Engelsbrücke, das Tor des Kastells im Rücken.

Ich kam aus der Burg; aus dem Verließ, dem Dunst der Geschichte, viel zu viel Geschichte, Kerker, lange Gänge, Auftrittsrampen, Höhlen zwischen undurchdringlichen Mauern im Inneren der Festung, ein Labyrinth; kein Engel mehr als Krönung, bloß eine Sendeantenne.

Die Waffensammlung hatte ich gesucht – Waffen aus Caravaggios Zeit, den Wänden entlang aufgereiht oder in Vitrinen, katalogisiert und angeschrieben – Hellebarden, Brustpanzer und Helme, Schwerter, Degen, Dolche, Messer, mit prunkvollen Griffen, die Klingen frisch poliert – oder schwarz, mit ausfransenden Rändern, wie angefressen von den Schwerthieben der Gegner; ein Steilmesser mit vielen Klingen, für Meuchelmörder, aufgeklappt und sauber, ausgestellt hinter Glas.

Ein flaues Gefühl im Magen, als hätte ich schon all diese Stahlspitzen auf dem Bauch, der Brust, am Hals, im Nacken und im Rücken – und dann plötzlich die Gesichter vor mir, auch hinter Glas, jenseits der Schaukästen, halbwüchsige Gesichter von zarter Schönheit, römisch vornehm, mit Flaum über der Oberlippe, den dunklen Locken; blasse Wangen, Anthrazitaugen mit diesem seltsam kalten Glanz darin, so nah über dem Glanz der Klingen.

Eine Schulklasse römischer Gymnasiasten; fasziniert, aber zwiespältig. Nein, das ist kein Kriegsspielzeug, das hat gehauen und gestochen und in einem fremden Leib gesteckt – man sieht es an diesem Anthrazitglanz, den halboffenen Lippen, dass sie unwillkürlich träumen, halbbewusst verbotene Bilder sehen, die ihnen gefallen, sie ein wenig schrecken: Waffen darf man doch nicht geil finden. Geil, an meinem Geländer, allein auf der Engelsbrücke, über dem Fluss, der Knaben an Land schwemmt, an das Schwemmland, nackt, mannbar und metallisch.

Nein, vor Kindern habe ich doch keine Angst. Ein Fehler.

Ich hatte es gleich gedacht, als ich sie sah, am anderen Ende der Brücke am Boden hockend, eine Horde, nein, vor Kindern habe ich doch keine Angst – während sie schon wie ein Vogelschwarm aufflatterten, als spürten sie, dass ich sie nachdenklich zögernd ansehe, und heranhüpften, vom Brückenkopf her, mit Kriegsgeschrei: cento Lire, cento Lire – läppisch, wie Kinder eben kreischen, doch es war Kriegsgeschrei, es war eine Horde, und ich war allein auf der Brücke.

In der Mitte der Engelsbrücke fingen sie mich ab; klein noch, aber schwer bestimmbaren Alters, verdreckt, in bunten Stoffen, das Mädchen trug ein rötliches Kopftuch wie eine Frau: die Anführerin – plötzlich ganz nah. Das »cento Lire« klang jetzt nicht mehr kindlich, sondern als wäre ich dem Mädchen etwas schuldig, fordernd, zornig, hart.

Ich war umzingelt, das Geländer der Brücke im Rücken, zu Füßen dieser steinernen Engel, über dem toten Fluss. Ich fürchtete einzig den Augenblick, da ich verriet, in welcher Tasche meines zugeknöpften Kampfanzuges sich mein Geldbeutel mit der halben Tagesration befand; aus den Augenwinkeln sah ich schon den aufgeklappten Karton über einer diebischen Hand – zu meiner Linken, auf der falschen Seite zum Glück, dein Pech. Es wäre lächerlich wenig gewesen, wie jedes Mal, wenn ich überfallen, niedergeschlagen, ausgeplündert werde, selbst der große Geldschein im Gürtel hätte mich nicht gereut, doch ich fühle mich dann immer wie nackt ausgezogen, in meiner Intimität verletzt, vergewaltigt.

Plötzlich begann das Mädchen an mir herumzufingern, unten, an den Knöpfen der aufgesetzten kleinen Außentaschen, die natürlich leer waren – da geriet ich schon in Panik. Durch den leichten Jackenstoff hindurch spürte ich die geile Habsucht dieser fremden Finger auf der Haut, bis in meine Eingeweide, diese Gier – ich schrie, schrie das Kind an, wortlos, sprachlos, denn der einzige Satz, der mir in der Panik einfiel, war Latein.

Noli me tangere kann man unmöglich schreien.

In dem Augenblick, da ich schrie und das Mädchen, die Anführerin, angeschrien wurde, mischte der Mann sich ein – der Mann in diesem Kindergrüppchen, der lauernd, aufmerksam, abseits geblieben war, wie auf Pikett – ein Bub, feingliedrig, schwarzhaarig, mit goldenen Strähnen in dem Schwarz, Mandelaugen, sandfarben die Haut; eine Rotznase; cento Lire, freudig erhob er ihren Kriegsruf und hüpfte kampfbereit heran, wie nur ein Bub hüpfen kann.

Ein zum Räuber verkommener Ganymed.

Geraubt hätte ich den gern – noch in der Panik.

Kriegsgeschrei dient der Verwirrung, mag es noch so kindlich hell klingen, ich lasse mich doch nicht erschrecken; ich begriff sofort, mit dem Rücken hart am Geländer, ausweglos bedrängt, dass ich hier nicht loskam, ohne den Brückenzoll zu entrichten, Gewohnheit aus einer anderen Zeit. Ich schrie, noch immer sprachlos, mit einer großen Armbewegung auf der linken, meiner ungefährdeten Flanke. Auch das Mädchen begriff sofort – oder es hörte vielleicht schon das andere Geräusch, im Hintergrund, von der Burg her, das ich noch nicht deuten konnte – verstand und trat zwei Schritte zurück, mit ausgestreckter Hand.

Raum hatte ich mir geschaffen, mit der großen Geste, eine Armlänge Freiraum; während ich, mit panischer Aufmerksamkeit bis in die äußersten Augenwinkel, in meinem Geldbeutel eine Handvoll Kleingeld zusammenfingerte, längst nicht alles (wegen dieser Automaten, Lichtmaschinen), erkannte ich das Geräusch: hart auf dem Pflaster, ein trockener, heller Ton, synkopisch verdoppelt, der sich gemächlich näherte, nicht im Galopp.

Der Bub äugte schon, tänzelnd, aber im Rückwärtsgang; der Pulk löste sich ohne Hast auf, das Mädchen nahm die Handvoll im Gehen, wortlos, mit diesem zornigen alten Gesicht, während ich noch irgendetwas sagte, auf Deutsch, in der Erregung, etwas Erklärendes rief ich, halb schreiend, als gäbe es etwas zu klären.

Sie flüchteten nicht; ein geordneter Rückzug in gestreckter Formation, in Richtung ihres Brückenkopfes, der Bub zuhinterst, die Rückendeckung – halb umgewandt, halb abgewandt, während er zugleich sicherte und grinste, spitzbübisch hüpfend, mit eingezogenem Schwänzchen und kribbelndem Hintern – während ich ihm nachblickte und das Geräusch im Rücken, nah jetzt, physisch spürte – weggeräumt, der Bub als letzter, am Brückenkopf, als mich die beiden Retter überholten: jung und souverän, auf braunen Hengsten,

den Säbel an der Flanke, Polizeigewalt und Staatsmacht bloß ein wenig demonstrierend, warteten sie bei Rotlicht an der Straßenkreuzung, miteinander im Gespräch, ohne mich zu beachten und ohne irgendetwas weiterzuverfolgen, und sei es mit den Augen nur.
Tief unten die menschenleeren Uferbänke, der tote Fluss.
Hier wird keiner mehr an Land geschwemmt.

Das Lachfältchen im linken Augenwinkel ist eine Narbe, der Bub sieht es, weil er neugierig ist, wie alle Buben, auf Narben und auf Schrammen, weil er selber ständig so vernarbt, verschrammt ist; das Lachfältchen kommt von einem Schwerthieb, das ist interessant.
Darf ich mir dein Schwert anschauen? Du darfst es ruhig herausnehmen. Nimm es richtig in die Hand.
Während der Bub mit seinem Schwert herumpröbelt, pröbelt er ein wenig mit den Spiegeln, die herumstehen; verdunkelt die Fenster, nicht wegen der Zuschauer, er will nichts verstecken, aber das Tageslicht würde ihn stören, zu diffus, zufällig; Kunstlicht braucht er, raffinierte Öllampen, Kerzen hinter Glas, Spotlights, Scheinwerfer, ein kontrolliertes Licht, das absolute Licht in einer dunklen Kammer voller Spiegel, weil es in einem Spiegel, hellbeleuchtet, goldgerahmt, schon aussieht wie das fertige Bild.
Er umstellt den Bub mit Spiegeln.
Ein blanker Bub, den Namen hat er gleich vergessen.
Der Bub grinst; da betrachtet ihn der Kerl einfach im Spiegel, von ziemlich weit weg, sitzt still da, fängt plötzlich an zu malen, während er ihn doch haben könnte, gleich; der will ihn doch nicht malen, an ihm herumgespielt, an ihm geschnuppert hat er schon.
Der ist doch geil. Das mögen diese Knaben, der Giovi, der Giovanni, der Giovan Battista, so angeschaut zu werden, egal von wem, auf dem Umweg über einen Spiegel, während sie posieren,

herumpröbeln, sich räkeln und sich dabei noch selber zuschauen können in den Spiegeln.

Die von den Bänken kennen doch kaum Spiegel, schon gar nicht so große goldgerahmte. Er lässt sie machen, malt nur Einzelheiten, Körperteile, rasch, auf herumliegende Leinwandfetzen, während der Bub herumspielt, mit dem Schwert auf sich selber zielt, als würde er gleich zustechen, und sich zuschaut, wie das aussieht, er mit dem großen Schwert, vervielfacht ins Unendliche: der Bub, sein Schwert; nackt und geil und nur er selber.

Manchmal soll er einen Augenblick stillhalten, oder er soll sich noch ein bisschen drehen, winden, vornüberbeugen, spreizen bitte, strecken, dehnen, noch ein bisschen mehr, bitte, zeigen.

Zusammensetzen kann er das dann später, aus allen und aus allem, zu dem einen Giovan Battista mit dem Bock, dem einen weltberühmten Amor, dem einen Isaak, es ist immer derselbe absolute Giovan Battista, nur das Gesicht ist erkennbar als Modell, dafür braucht er eben diesen Giovan Battista, der das Spiel schon kennt und stillhält und wohl auch etwas mehr dafür bekommt, für den Kopf, den man nicht aus rasch skizzierten Einzelheiten vieler Köpfe nachträglich zusammensetzen kann.

Den Rest muss er natürlich spüren, immer wieder und bei allen – damit man am Ende mehr sieht, als man sehen kann – alles.

Nichts als ein Vorspiel.

Wenn die Finger anfangen zu zittern, die Handflächen feucht werden, wenn die Farbe an den Rändern schon zerfließt, die Umrisse verschwimmen, wenn er nicht mehr sehen kann, was auf der Leinwand unter seiner Hand entsteht, sondern nur noch in den Spiegeln, was sich dort tut, immer nur sich selber zu verführen scheint, nur noch verführt jetzt, nicht mehr als Spiel, kein Spaß – so dass sich die Nüstern unwillkürlich blähen, weil das Blut abstürzt und das Gehirn zu wenig Sauerstoff bekommt – dann muss auch er, wie jeder Blinde, mit den Händen sehen, was ihn blendet.

Er will es fassen, überall zur gleichen Zeit.

Da ist nur Licht, dort ist nur Schatten, im Wechsel des Gefühls, das mit den Schauern der Erregung über diese Knabenflanke streichelt, über diese Knabenrippen flimmert, zärtlich dunkel in der Weiche, grell gegen den harten Beckenknochen stößt und verdämmert zwischen diesen Knabenschenkeln; er selber ist das Licht, das über diesen Knabenkörper flackert, sich in den Achselhöhlen lang verliert, aufleuchtet in der Kniekehle und sich nicht mehr trennen kann von diesem Knabenhintern, diesem Knabenschwanz, ganz unentschlossen, wo das Licht nun bleiben und verlöschen soll.

Nur Licht noch, Licht, das strömt, zerfließt, in diesem Augenblick zerfließt ihm alles; Trümmer nachher, Einzelheiten, eine Brustwarze, eine Narbe in dem grellen Licht, eine zufällige Narbe auf der Oberlippe, über den Schulterblättern, in der Haut ein Hick.

Das Licht zertrümmert alles, ein schwarzer Abgrund ringsum, und alle Einzelheiten des Sichtbaren stürzen in den Abgrund.

Seine ausgestreckten Arme halten nichts als Licht.

Ein Leib aus nichts als Licht im dunklen Nachtraum, gespiegelt ins Unendliche. Er versucht, den Leib zu fassen, doch da ist nur Glas, und dort ist er schon nicht mehr, bloß ein dunkler Raum, und hier ist nur er selber, klein, verwachsen, mit angewidertem Gesicht, ins Unendliche vervielfacht sein eigener Ekel, nur Leinwandfetzen voller Trümmer eines Vorspiels – der Leib, den er umstellt hat mit den Spiegeln, ist längst weggeräumt, nichts bleibt in den Spiegeln, die seinen Amoklauf in der Dunkelheit spiegeln, goldgerahmt.

Er rennt mit seinem Schwert gegen die Spiegel.

Er stürzt und kann sich nirgends halten. Entblößt, die Augen zu, die Schenkel weit gespreizt, die Arme ausgebreitet zur Umarmung, will er mit hilflosen zu großen Händen greifen, was ihn umgeworfen und geblendet hat; er kann es nicht abwehren, nur empfangen; seine Waffen, Helm und Schwert, abseits im Halbdunkel, nützen nichts mehr; er hat sich ergeben, hingegeben, ein beliebiger junger Mann, bartlos, ohne Kennzeichen, das Gesicht ist kaum erkennbar.

Aus dem dunklen Bildraum scheint er rücklings noch weiter in die reale Welt hinauszustürzen.

Ein junger Krieger, den das Licht vom Ross geschleudert hat – kein Feind, kein Blitzstrahl aus den Wolken, bloß ein Wetterleuchten in einem Innenraum, in einem engen Stall, als wäre plötzlich das Dach eingestürzt, der Raum vom Licht gesprengt – der Boden kippt vornüber in die Dunkelheit.

Nichts als ein Sturz vom Pferd; ein Unfall beim Hufschmied, sagt eine böse, anonyme Stimme aus der Zeit; das soll eine Erleuchtung sein, eine religiöse Vision, eine Bekehrung?

Ein braver Gaul, mager und gescheckt, kein Rassepferd. Der hat ihn bestimmt nicht abgeworfen. Behutsam hält das Pferd den Vorderhuf hoch, um dem schutzlosen Körper ja nicht weh zu tun, den Kopf gesenkt und zu dem Unglücklichen hingewandt, fast Mitleid in den Augen, Erbarmen.

Den alten Stallknecht scheint der Gestürzte nicht zu kümmern, nur das Ross, als müsse er das brave Tier am Zaume festhalten, die Reaktion eines beschränkten Menschen, der in einer ungewohnten Situation zunächst nur das tut, was er aus Routine zu tun gewohnt ist: er hält sich fest an seinem Tier.

Nichts als ein Sturz; der Augenblick des Stürzens, und: Himmel, halte mich – da ist kein Boden mehr, nur Licht, nichts hält, und alles möchte er halten, eine irre Hoffnung, Sehnsucht, die Erlösung –

doch er fällt nicht aus diesem unbestimmten Kunstraum kopfüber in den Abgrund der realen Welt.

Er schwebt – im Sturz festgehalten.

Ein Schrei schwebt über dem großen Platz: Gemüsemarkt, Steinbruch, Bauplatz, noch keine Piazza. Man trägt die antiken Trümmer ab, baut das neue Rom. Haufen aus Pflastersteinen, Marktstände, das Geschrei der Marktweiber, der Fuhrleute, der Lärm der Hämmer und der Räder. Der Schrei des neuen Jahrhunderts, das noch ganz jung ist. Ein Jubeljahr. Die Geschäftsleute, Straßenhändler, Marktfrauen schreien, weil sie Geschäfte machen wollen, die Bauarbeiter schreien, damit sie einander verstehen im Lärm der Steinmetze, Flaschenzüge, Karrenräder; nur die Kinder schreien, wie sie immer schreien, aus Freude, Kummer, Zorn, im Spiel, aus Wut.

Heiß und grell, bald Mittag; finster bahnt er sich den Weg durch diese schreiende Geschäftigkeit; seine Cornacchia folgt ihm, eine Art Riesenschnauzer, unbeirrbar, schwarz, groß, struppig wie er selber; er braucht den Hund, der ihm aufs Wort gehorcht, als ständigen Begleiter.

Immer trägt er sein Schwert, auch nachts beim Schlafen, heißt es; man sagt, er lege auch sein samtenes Wams nicht ab im Bett; als Teller benütze er eine alte Farbpalette.

Er hört nicht, was man sagt; plötzlich bleibt er stehen, und auch der Hund bleibt sofort stehen, ein wortloser Befehl. Aus den Augenwinkeln sah er zunächst nur diesen Arsch, den Arsch eines jungen Bauarbeiters, in diesen braunen Pluderhosen, ein leuchtend greller Hintern in gebückter Stellung, so dass der weite Stoff sich spannt, eine aufreizende Stellung, auf den Knien, die Hände auf dem Boden aufgestützt. Nackte schwarze Fußsohlen. Der weiß ja nicht, wie das ausschaut, denkt er, dem Publikum einen grell beleuchteten jungen

Arsch hinknallen und den Dreck an den Fußsohlen dazu – natürlich hat der keine Zeit, sich darum zu kümmern, wie das ausschaut, er packt mit an, und der Balken ist schwer. Irgendein Stützbalken, den sie aufrichten, für eine neue Fassade; es braucht drei Mann dazu, der eine zerrt an einem Seil über seinen Kopf hinweg, der zweite hisst mit beiden Händen, der dritte kniet, stützt mit der rechten Schulter von unten, mit aller Kraft und ohne Überlegung, während er dem Publikum seinen Hintern hinstreckt und sich nichts denkt dabei.

Dem Annibale, seinem Konkurrenten, der das Altarbild malen soll, mit seinen süßlichen Figuren, Engelsköpfchen zum Aufkleben, so einen Saftarsch hinknallen, auf die Seitenwand, denkt er als erstes. Das sieht doch aus, denkt er, als trüge der ein Kreuz und wäre schon zusammengebrochen unter der Last. Es ist nicht sein Kreuz, und es ist auch sein Kreuz, doch das weiß der nicht. Man muss sich nur die Fassade wegdenken, das Tageslicht, dann richten sie ein Kreuz auf, und Petrus ist daraufgenagelt, ein kraftvoller, schwerer alter Mann, kopfüber – auch ein Sturz.

Sie bauen voller Eifer auf, und er sieht nur den Sturz.

Ein Kind fliegt zwischen seine Füße, von nirgendsher, auch der Hund erschrickt; er blickt in ein verschwitztes Bubengesicht, das ihn mit offenem Mund anglotzt. Fast zutraulich ist dieses Staunen nur im ersten Schreck, dann brennt der Schmerz an Knie und Händen, das Kind erschrickt über das bärtige Gesicht, das einen Fluch brummt, sieht den schwarzen Hund und flieht schreiend in die Kinderhorde zurück, entsetzt, als hätte es den Teufel gesehen. Natürlich kennt das Kind den Teufel nicht, dafür ist es noch zu klein; doch in seinem Kopf wird dieses fluchende Gesicht, der schwarze Hund, das Bild des Teufels sein, und es ist knapp entkommen. Vielleicht wird es in zwanzig Jahren – und die Chancen, dass es die nächsten zwanzig Jahre überlebt, sind doch gewachsen, die

Pest ist eingedämmt, das Abendland vor den Türken wieder einmal gerettet, die Straßenräuber wüteten schon schlimmer, mit der Entwässerung der pontinischen Sümpfe wird begonnen, während hier Bernini baut und die Piazza eine richtige Piazza wird, denn Rom soll schöner werden und das neue Jahrhundert lustiger als das alte, friedlicher und ohne Hungersnöte – plötzlich, mit einem Lächeln, in der Kirche dort seinen Teufel wiedererkennen: dem egregius in urbe pictor bin ich damals vor die Füße geflogen, als Kind, dem Caravaggio, den jeder Erwachsene kennt.

Er will die Leute jetzt nicht kennen; er grüßt nicht; die Straßenhändler, die Marktfrauen sprechen ihn lieber nicht an, was man auch sagt, bringt ihn auf, dann weiß man nicht, was er tut, er weiß es selber nicht. Nächtens, sagt man, soll er wieder einen niedergeschlagen haben, den Girolamo Stampa, einen jungen Edelmann, zusammen mit diesem Spada, mit dem er sich herumtreibt, bei den Weibern, im Ortaccio, bei den Knaben, bei den Bänken. Wäre der Kardinal nicht ... der Kardinal holt ihn immer wieder aus dem Turm. Den Baglione habe er beleidigt; den Cavaliere mit dem Schwert bedroht, der ihm früher, als ihn noch keiner kannte, Arbeit gab; dem armen Reni hat er fast ein Bild zerfetzt. Doch malen kann er, das sagen jetzt alle, die bezahlen ihm jeden Preis. Es sieht wie echt aus, was er malt, jeder glaubt, auf seinen Bildern einen, den er kennt, gleich wiederzuerkennen.

Nur die Halbwüchsigen fürchten sich nicht vor ihm; rempeln ihn an, benützen seinen Körper als Deckung beim Raufen, auf der Flucht vor dem Verfolger und beim Ballspiel, während er flucht, in ihrer Sprache, mit geilen Wörtern, die die Halbwüchsigen mögen.

Er *war* einer von ihnen; jetzt sind manche schon fast größer als er selber. Sie spüren, dass er sich eigentlich vor ihnen fürchtet, weil sie schön sind, kräftiger als er, weil er sie mag und sie nicht wegräumen kann, wenn sie zu nah kommen, so dass sein Körper sie berührt. Die wollen nichts mit ihm, der ist ihnen doch zu hässlich.

Nur gegen Scudi.

Er ist ständig geil, erregt, gereizt.

Ein Ketzer? Nein, dem ist sein Ruhm zu Kopf gestiegen; will etwas Besseres sein, in der Verkleidung, in dem Samt, mit seinem Schwert; ist doch gar nicht neu, was der macht, nichts als Giorgione, das sagt auch der Zuccari, der von der Akademie; und zeichnen kann er auch nicht, alles perspektivisch falsch; aber es leuchtet schön; Blendwerk, Täuschung; im Grunde ein frommer Mann; mir gefällt es.

Seine Werkstatt, sagt man, soll ganz dunkel sein, alles mit schwarzem Tuch verhängt, voller Spiegel, raffinierter Lampen, da versammelt er das Pack von den Bänken und malt ganze Volksszenen, alle halbnackt; Orgien wohl; andere junge Maler machen's ihm schon nach, jeder junge Maler Roms, der etwas auf sich hält, will auch so ein verdunkeltes Atelier haben, mit Spiegeln.

Lichtscheu ist er, fürchtet den Tag.

Die Alte, die den Lauch putzt, dazu singt, während ihre barocken jungen Enkel abräumen, fragt sich, wenn sie ihn so über den Marktplatz gehen sieht, wie aus dem lustigen, netten Jungen – ganz am Anfang, als der Kardinal ihn zu sich nahm – so ein Ungeheuer werden konnte, unglücklich, finster. Der hat doch alles, Scudi hat er und den Ruhm, der ist noch jung und einer der Allerersten am Beginn einer neuen Zeit. Sie selber wird nicht viel davon erleben, nur noch den Anfang, der Rest ist für die Enkel. Für die fürchtet sie jetzt nichts mehr, es wird besser. Bald ist die Peterskirche fertig. Die Protestanten mögen ruhig im Norden bleiben. Auch hier nimmt man die Kirche wieder ernster. Man kann wieder glauben, ohne sich schämen zu müssen für die Kardinäle. Die Kirchen werden immer prächtiger, und er lebt doch von der Kirche, er malt schöne fromme Bilder für die Kirche; keine Fürsten als Heilige, sondern Leute wie sie selber, mit schmutzigen Füßen und abgearbeiteten Händen; Leute, die Gott brauchen. Die Fürsten und Herren brauchen Gott doch gar nicht. Vielleicht, denkt sie, während sie den Lauch putzt, malt er Bilder für Leute, die Gott brauchen, weil er selber Gott braucht. Der ist doch unglücklich. Von einem bösen Geist besessen, einem Teufel, der ihn verfolgt wie dieser finstere Hund. In dem kämpfen die Finsternis und das Licht, das sieht man auf seinen Bildern. Und ein Weib hat er nicht, das weiß auch sie, sie weiß, was die Leute reden. Aber wer will den schon, sie nähme den nicht, auch wenn sie noch jünger wäre, nicht einmal wegen dem Geld. Sie betet für ihn ein Bittgebet, während sie den Lauch putzt, singend, weil er so schöne Bilder malt.

Er weiß, dass er ein Gerücht ist. Doch er hört nicht auf das Geschwätz, glaubt nicht an die Gebete, er hört den Lärm des Aufbauens, das geschäftige Geschrei, das über dem Platz liegt, und ist erregt, gereizt. Der Schrei ist in ihm, aber keine Hoffnung, nur diese unbestimmte Wut.

Mit dieser Erregung in das Geschrei hineinstürzen, unausweichlich in irgendeine Schlägerei – stürzend vom Blitz getroffen werden, nur das wäre die Erlösung. Tod ist Sturz. Bekehrung als Wiedergeburt ist Sturz. Alles ist ihm Sturz, Petrus oder Paulus, er muss diese Bewegungen des Stürzens malen, den absoluten Sturz, doch er kann in dieser Erregung jetzt nicht malen. Seit Tagen läuft er vor dem Sturz davon – die erste Fassung der Bekehrung gefällt ihm selber nicht, als wäre sie gar nicht von ihm; ein viel zu dekorativer Sturz – mit Beiwerk, einem sanften Engel. Der Sturz muss die Wucht des Schreckens haben.

Der Schrecken, der dir die Waffen aus der Hand schlägt – ein Schrecken: dass du kopfstehst – der Schrecken ist der Sturz, denkt er, aber er kann jetzt nicht denken; er ist erregt; ich bin erregt, denkt er, nichts anderes kann er mehr denken. Das Geschrei auf diesem Platz erregt noch mehr. Das Handgemenge. Diese Hände, die es greifen wollen – als griffen sie nach ihm, als könnte er sie greifen – ein Handgemenge noch hinter geschlossenen Augenlidern – Hände, die nach nichts greifen, hilflos, nach dem Licht.

Kein Erwachen aus dieser Erregung.

Steh auf, komm mit, lass alles andere liegen, das ist die Berufung. Die Schlägereien, diese Geilheit, die Erregung: das Martyrium. Aber die Umkehr, wie sie sagen, die Bekehrung …, dass einer, der mit aller Erregung ein Ziel verfolgt, eine Beute, plötzlich vom Gegenteil erregt wird? Freiwillig sich vom Verfolger zum Verfolgten wandelt? Sich ergibt, den Kampf aufgibt, das Schwert aus der Hand gibt, sich den anderen hingibt: nackt, wehrlos?

Undenkbar – für einen, der erregt ist. Kastration. Als hackte man uns die Hände ab – er würde mit den Stümpfen weitermalen, geblendet würde er womöglich Bildhauer: blind mit dem Gedächtnis seiner Hände Knabenärsche formen, runde Formen, nichts als Formen.

Könnte er den Platz jetzt sehen … von der Erregung ist nur der Stein geblieben, kalt.

Die Auflösung der Form wäre die Erlösung – der Sturz in die Zeit. Kopfüber in den Tod.

Eine undenkbare Lösung. Was nützt ihm die Erregung einer neuen Zeit, die Hoffnung auf die gemeinsame Erlösung, wenn er seine eigene nicht findet – seine eigene Lösung.

Die Erlösung ist das Licht, nicht das kalte Leuchten weit entfernter Sterne, nichts für Vergrößerungsgläser, Lupen, Teleskope, nichts für die Augen, für die Augen ist sein Licht zu stark. Sein

Licht ist Körperwärme, spürbar auf der Haut, die sich vom Licht erwärmt und rötet. Die Brust des Bekehrten entzündet sich von diesem Licht, fängt selber an zu leuchten. Sein Licht ist Strahlung von nirgendsher, die den Leib zum Strahlen bringt, entflammt. Das Licht schmilzt jede Rüstung, jeden Panzer, jeden Harnisch, die Wut verdampft in diesem Licht.

Das Licht der Erlösung müsste am eigenen Leib spürbar sein.

Er stolpert, kickt den losen Pflasterstein zur Seite, auch eine Waffe, ein Geschoß, das er in der Wut mitunter braucht, als Warnung vor dem Schwert. Überall im Dreck liegen hier verborgen lose Pflastersteine im Weg, perfide Fußangeln nur für ihn.

Sie lächelt nicht; sie schaut ihn an, als blicke sie durch ihn hindurch auf einen anderen, Unsichtbaren hinter ihm.

Eine junge Frau, das Baby auf dem Arm, im Schatten des Hauseinganges, gegen den Rahmen der Tür gelehnt, geborgen, der sicherste Ort der Welt, da kann sogar die Erde beben. Hinter ihrem Leib beginnt diffus das Dunkel eines langen, unbekannten Flurs. Sehr deutlich, grell, sieht er über ihrem schwarzen, hochgesteckten Haar den hellen Hick im schmutzigen Gemäuer, eine herausgeschlagene Ecke genau auf der Kante des Türpfostens.

Er wird rot, ertappt, ein dummer Junge, der sich entschuldigen muss, nicht nur für den Pflasterstein, der genau vor ihren zierlich übereinandergeschlagenen Füßen gelandet ist und sie nicht erschreckt hat, bloß geweckt, aus ihren Träumereien. Jetzt muss sie lächeln, ein wenig stolz auf den Effekt, sie rührt sich nicht, sagt nichts, hält seinem Blick, der über ihren Körper flackert, ruhig stand. Natürlich kennt sie ihn vom Sehen, sie sieht alles, aus ihrer sicheren Deckung; natürlich kennt sie sein Martyrium, seine Berufung, es ist ihre Kirche.

Sie sind Nachbarn.

Er schaut sie an, sieht sie zum ersten Mal.

Willst du mich malen?

Er ist kleiner als Lena, nicht nur, weil Lena auf dem Podest der Schwelle steht. Angst kennt sie nicht, nicht vor dem. Sie glaubt längst nicht mehr alles, was sie hört. Seine Bilder sind doch nicht grob, sondern inbrünstig schön, liebevoll in den Einzelheiten. Das Gesicht, das alle für ein Selbstporträt halten, nach der Natur, das hält sie für eine List, da habt ihr euren Bösewicht.

Nein, so blickt er nicht drein; sogar lächeln kann er jetzt, verlegen; er will, dass sie noch einmal lächelt, er will sie lachen sehen.

Er braucht gar nicht erst Cornacchia zu rufen, ein Wink mit der Hand genügt.

Er geht vor Lena auf die Knie; der Hund springt über ihn, gleich mehrmals, es sieht zunächst aus wie ein Kampf, ein Kampf mit dem eigenen Schatten, der sich vom Körper abgelöst hat; ein Dressurakt, eine Vorführung, zum Beweis, wie brav sein Schatten ist. Er muss das oft geübt haben, in der Langeweile. Ein gut dressiertes, zahmes Tier. Am Ende kauern sie an der Schwelle einander gegenüber, und nicht einmal das Baby hat mehr Angst vor diesem struppigen schwarzen Hund.

Darf ich dich denn malen?

Nun wird Lena rot; es ist ihr nur herausgerutscht, bei diesem stummen Blick. Das hat sie noch nie gemacht.

Seine Augen halten ihrer Verlegenheit geduldig stand; ein Schimmer nur, als trüge sie ein samtenes tiefrotes Kleid, das ihren Wangen Farbe gibt. Kein Hintergrund; nur schwarz der Anfang dieses langen kühlen Flurs, in dem das Licht der Piazza sich verliert.

Er bittet sie darum, am Boden kauernd, zu ihren Füßen, wortlos, mit gespannten Brauen.

Wem das Kind gehört, fragt er sie nicht.

Wer bin ich denn, fragt sie ihn nebenbei, während sie sich hinsetzt, mit diesem Blick nach unten, der dem raschen Griff in die Falten ihres Kleides folgt, als wäre es nicht wichtig.

Der Hocker ist blitzsauber; er hält Ordnung hier.

Aufträge, verschiedene Aufträge, antwortet er ausweichend, dass es auch ein Auftrag für St. Peter ist, endlich, kann er aus Stolz nicht ganz verschweigen.

Nur für die Stallmeister, die Kapelle der Stallmeister wenigstens.

Eine gewöhnliche Kammer, das Fenster ist nicht verhängt. Keine versteckten Lampen, keine Kerzen hinter Glas, kein Spotlight. Auffällig, ja, die Spiegel, aber an die Wand gelehnt, verräumt, die braucht er nicht. Er brauche, hatte er ihr gleich erklärt, nur ihr Gesicht, den Faltenwurf, dafür müsse sie dann eine Weile stehen, und die Füße, ihre nackten Füße, die sind wichtig, nein, ihr Lächeln hat er nicht gemalt.

Sie war am Anfang doch befangen, so stillzusitzen und nur angeschaut zu werden, während das große schwarze Tier in der Zimmerecke reglos schlief; ihr Gesicht herzugeben, für etwas Überpersönliches, das nicht mehr sie war, für eine Bedeutung, für ein Bild, das dann angebetet würde. Sie konnte sich denken, was es war: die reuige Sünderin, von ihrem Namen her lag das am nächsten, doch ihr Name, fiel ihr sofort ein, stand ihr nicht ins Gesicht geschrieben; eine Märtyrerin vielleicht, mit abgeschnittener Brust, gerädert, aufgespießt, mit durchtrennter Kehle; Judith, die den Holofernes köpft, kam als Altarbild nicht in Frage. Die Auswahl an Frauengestalten ist sehr klein. Nur die reuige Sünderin oder Märtyrerinnen.

Oder ... das Letzte, die Vorstellung erschreckte sie ein wenig, dann musste sie fast lächeln.

Er malte schon und schaute sie manchmal an, mit diesem ruhigen, sicheren Blick, der nichts verriet und dem sie allmählich ohne

Mühe standhielt, weil sie spürte, er begehrte sie nicht mit diesem Blick, wie andere Männer, die sie anstarrten, gierig, so dass sie sich im Spiegel ihrer Augen vergewaltigt sah, oder verlegen, wie ein Bub, der sich nicht traut, wie vorher, als er an ihrer Schwelle stand und nicht wusste, was er wollte. Jetzt brauchte er sie nicht mehr zu begehren, er besaß sie, während er sie malte. Er lächelte ihr zu, bat sie, den Kopf ein wenig mehr zu neigen, und sie spielte mit, unwillkürlich ein Teil seiner Konzentration geworden. Auch er hatte sich für sie verwandelt – ein anderes Gesicht hinter der Staffelei, nicht mehr finster, wirr und ungepflegt, es braucht wenig Retuschen, damit dieses Gesicht sympathisch wird; die Lippen etwas schmaler, vor Konzentration gespannt, Aufmerksamkeit im Blick, der nicht mehr abwehrt, sondern beobachtet, Proportionen abmisst; das Licht hier ist nicht so grell wie auf dem Platz, fällt nicht schonungslos auf dies verklebte Haar, außerdem sieht sie nur einen Ausschnitt, nicht diesen verwachsenen Körper, den unförmigen Leib.

Er war gewiss nicht der attraktivste Mann, den sie hätte haben können – aber noch keiner hat sie als Madonna porträtiert.

Sie schweigt, betroffen.

Seine ganze Liebe ist in diesem Bild; die schutzlos preisgegebenen schmutzigen nackten Füße des Pilgers, der vor ihrer Schwelle kniet, die überraschten Augenbrauen dessen, dem sie erscheint, das ist der Ausdruck seiner Liebe. Seine Liebe ist der Hick im Gemäuer über ihrem Kopf, Ausdruck dieses Schreckens, viel auffälliger als der dünne Heiligenschein, der gar nicht nötig wäre. Überall ist seine Liebe; er ist die Schwelle unter ihren nackten Füßen, der Türpfosten für die Müdigkeit ihres Rückens, er trägt die Last des unsichtbaren Hauses über ihrem Kopf; das fremde Kind auf ihrem Arm, gemalt aus dem Gedächtnis, viel zu groß, zu schwer, das möchte er von ihr: den großen Sohn, die Hauptperson im Zentrum, wie jeder Sohn

– ein Rätsel, dass ihre zierlichen Arme ihn mühelos tragen können, ohne dass er fällt.

ER macht es IHR leicht.

Lena – seine »Donna«?

Er wurde allmählich unruhig, wie ein Schulbub wieder, während er dicht neben ihr plötzlich ihre Nachdenklichkeit sah, vor dem fast fertigen Bild ihre Nähe spürte, ihre Körperwärme, ihren Duft roch, vermischt mit dem Geruch der Farben, wie eine Wolke, die sie plötzlich einschloss, sie und ihn, das Bild.

Er versuchte zu erklären: warum er nicht irgendein Kunstgesicht zur Vorlage nahm und noch etwas stärker idealisierte, wie dieser Carracci es tat, sein schlimmster Konkurrent – sondern sie, ein Mädchen, das es gab; die Madonna sei schließlich auch eine gewöhnliche Frau gewesen; volkstümlich sollen seine Heiligen sein, damit das Volk sich in ihnen wiedererkenne, vor allem in den Pilgern, diesen Ärmsten der Armen, die Muttergottes sei für alle da, nicht nur für die Reichen, eine einfache Frau, doch schön, lieb, gütig.

So viel hatte er noch nie erklärt, vor lauter Verlegenheit, in dieser schwülen Dunstwolke aus Farbgeruch, Körpernähe, nachdenklichem Schweigen, vor dem fast fertigen Bild.

Sie sagte noch immer nichts, schaute bloß, hatte doch längst begriffen: *Sie* anbeten? – während sie seine Unruhe spürte, diese Hilflosigkeit des Redens.

Ihre Handrücken berührten sich.

Dieser Pilger ist doch einfältig, denke ich, in Sant' Agostino vor der Madonna der Pilger stehend, das ist nicht ernstgemeint, der blanke Hohn. Die Fassungslosigkeit in diesem Gesicht, von dem man nur das Profil sieht, mit der starken Nase, gerötet wie vom Alkohol, dem

Gebirglerbart, das ist die Karikatur der Dummheit, der macht sich lustig über das Volk, die Gläubigkeit. Die Unterwerfung ist doch maßlos übertrieben, diese flehenden Dürer-Hände vor dem Ballettschritt der Madonna, vor den zappelnden Kinderbeinchen dieses Sohns; der kippt ja fast vor lauter Unterwerfung, mit derart gespreizten Knien, dass sich der braune Stoff der Hosen spannt: schon wieder; schon wieder hat der Betrachter als Erstes einen Arsch vor Augen, einen strammgezogenen Hosenboden, mit den Falten, Spalten, als wolle er jeden, der vor dem Altarbild kniet, verarschen; oder aus Besessenheit, besessen von Männerärschen, selbst wenn sie schon überreif sind, sogar da knallt er noch ein Schlaglicht hintendrauf. Bei einem raschen, flüchtigen Blick auf das Bild in der Kapelle, im Vorbeigehen, bleibt nur die vornehme Erscheinung der Madonna im Kontrast zu diesem schamlos hingeknallten braunen Männerarsch. Der Schmutz da unten im Kontrast zu dem leuchtend reinen Hals der Frau. Der Dreck an den Fußsohlen und das Strahlen dieser zierlichen Madonnenfüßchen. Wenn das ernstgemeint sein soll, ist es unerträglich. Das passt doch nicht zu diesem hochfahrenden Gemüt, diesem Stolz, nec Spe, nec Metu, der adligen Verkleidung, dem Mythos mit dem Schwert, das passt auch nicht zu diesen splitternackten, grinsenden Johannesknaben, die bloß frech sind, problemlos schwul.

Natürlich waren das private Aufträge.

Seine Madonna ist ein öffentliches Bild.

Das ändert aber nichts; sein Bild der Madonna dei Pellegrini ist nicht weniger heftig, nicht weniger kühn, nur schamlos unterwürfig.

Ironie?

Als wäre diese Frau so unerreichbar; als würfe er sich ihr zu Füßen mit all seiner Dummheit, Blödheit, Einfalt, und bäte sie, ihn zu erlösen von dem Schmutz; als traute er sich nicht, sie anzufassen.

Behutsam, mit gespreizten Fingern, fuhr sie ihm durchs Haar, berührte mit dem nackten Unterarm die Wange, seinen Bart, legte ihm die Hand in den Nacken.

Jetzt war es Lena, und es war sie nicht, mit diesem Marmorglanz auf dem entblößten Hals, dem rötlichen Schimmer auf den Wangen, wie kunstvoll geschminkt, als Abglanz von dem Heiligenschein – er roch sie jetzt, nur noch die Frau, nicht mehr die Farben, und die waren doch noch gar nicht trocken; sie durfte ihm jetzt nicht zu nah herankommen an das Bild; sanft zog er sie ein wenig weg vom Bild, und leicht zog sie sich selber zu ihm hin.

Der Hund, das schwarze Tier in der Zimmerecke, ist erwacht und hebt den Kopf.

Es ist, als würde sich der eigene Schatten vom Körper ablösen; für diesen einen Augenblick war sie seine Heilige, seine Madonna.

Himmel, halt mich fest!

Ich bin wehrlos, blind, entwaffnet; komm über mich, komm, nimm mich auf, durchbohre meine Brust, weide mich aus. Komm in mein Herz, nimm meine Seele, erlöse mich von mir. Komm!

Es ist wie das Winseln dieses schwarzen Tieres in der Zimmerecke, das mitspielen möchte, nicht mitspielen darf und sich nicht traut, zu gut dressiert.

Eine Gegenbewegung gleichzeitigen Stürzens, kopfüber.

Der Märtyrer, der kopfvoran gekreuzigt wird, und der vom Licht getroffene Bekehrte; der eine stürzt auf den Altar zu, der andere stürzt vom Altar weg, dargestellt ist nichts als diese gegenläufige Bewegung eines Sturzes, unentschieden, aufgehoben. Beide schweben.

Er kann nicht fallen, ihn hält nichts, niemand hält ihn.

Da müsste schon eine Heilige kommen, die richtige Madonna, nicht irgendeine Lena aus der Nachbarschaft.

Es ist immer dieses eine Gesicht, wie bei dem Giovan Battista, nur stärker stilisiert, weil es nur eine einzige Madonna gibt, die natürlich niemand kennt.

Sie haben's nicht begriffen. Seine Madonna, bemängelten die einen, sei zu weiblich, zu begehrenswert, trotz ihres keuschen Kleides, das Gesicht eines hübschen Mädchens aus dem Volk. Eine Hure, sagten andere, sei ihm Modell gestanden; eine stadtbekannte Hure als Madonna, das war selbst für die Stallmeister unannehmbar. Zu viel Marienkult, fanden besorgte Kardinäle, ein ziemlich heißes Thema, theologisch ungeklärt, gefährlich für die Hierarchie, so ohne weiteres sollte man nicht wieder eine gleichberechtigte Muttergottheit installieren. Außerdem: Die heilige Anna, Christi Großmutter, eigentlich die Hauptperson, steht ganz bedeutungslos abseits, ein Schemen, eine vergrämte, böse alte Frau. Das Christkind sei, sagen wieder andere, zu nackt, nichts als ein kleiner Bub, der pinkeln muss, am Straßenrand, von seiner jungen Mama fürsorglich festgehalten, bei dem alltäglichen Geschäft. Ist Amor, dieser siegreiche Halbwüchsige, an der Hand seiner Madonna zum Knäblein regrediert, das statt voll Übermut auf den Kulturgütern der Welt nun trotzig und verärgert, mit Hilfe seiner Mama auf der Giftschlange der Erbsünde herumtrampelt, ein griesgrämiges Kind?

Was man ihm öffentlich ablehnte, das kauften sofort und zu sagenhaften Preisen die privaten Sammler, längst nicht mehr nur der Kardinal. Das Geschwätz, der Theologenstreit der Kardinäle, die Pietät der einfachen Leute, die Empfindlichkeit der frommen Brüder, das hätte ihn doch nicht zu kümmern brauchen.

Doch es bekümmerte ihn offensichtlich; es kränkte seinen Stolz; es machte ihn wütend, er war ein religiöser Maler, kein Ketzer, künstlerisch besser als Reni, Carracci oder gar Baglione – und in Sankt Peter nichts von ihm, nicht einmal für die Stallmeister.

Seine Madonna – eine Hure?

»Lena, che sta in piedi a piazza Navona, che è donna di Michelangelo.«

Was soll das heißen? Die wohnt doch einfach dort.

Na, na – ein Mädchen, das man immer auf der Piazza Navona herumstehen sieht ...

Wer hat das gesagt?

Pasqualone, der Notar.

Vielleicht ist er bloß eifersüchtig ...

Wo ist der Schuft?

Pasqualone konnte nicht fern sein, in der verfilzten Gesellschaft rund um den großen Platz: klein, fett, geschwätzig, alt und missgünstig, mit zu großen Ohren.

Sie hatte schon den Mund geöffnet, zum Rufen – doch er hätte sie nicht mehr gehört. In ihrem Versteck unterm Türsturz erschrak sie bei dem Anblick; schon wieder stürzte er sich in etwas, unaufhaltsam.

Sollte sie ihm nachstürzen?

Auf ihrer Schwelle, gegen den kühlen Stein gelehnt, ertappte sie sich selber dabei, wie sie diesen Mann halten wollte. Das war ihr bisher nicht passiert. Sie hatte Heiratsanträge bekommen, die sie ausschlug; sie fühlte sich geborgen in dem Haus, mit ihren Brüdern, ihren Schwestern, mit dem Knäblein, das ihr anvertraut war. Manchmal sehnte sie sich nach diesem oder jenem Mann, den sie nicht haben konnte, nie wieder, nur ein einziges Mal und rasch, als Abenteuer. Eine Unkeuschheit. Zum Beichten. Sie stand da, im

Schatten des Hausgangs, träumte, sehnte sich ein wenig, während sie zuschaute, was auf dem Platz im grellen Licht geschah.

Mitunter entstand aus diesem Zuschauen ein Flirt, wie mit diesem Michele.

Er war verschwunden, blindlings fortgestürzt, in eines der Eckhäuser am Rand des Platzes, sie wusste, wer dort wohnte.

Ein böses Zeichen.

Was ging es sie an?

Geborgenheit konnte er ihr nicht geben, trotz seines Geldes, seines Ruhmes, sie müsste ihn ein Leben lang besänftigen, seinen Launen ausgesetzt. Sie hatte andere Männer gekannt, die ihr in dem kurzen, heftigen Augenblick das Gefühl endlosen Fallens schenkten, das auch sie suchte, wer denn nicht, rückhaltlos, aber nicht blindlings, hellwach, sehend. Als wäre die Haut mit Augen überzogen. Mit den Fingerspitzen, mit der Zunge, mit den Lippen, mit der Nase, mit den Eingeweiden sehen, wie sein Fleisch in ihr sie dehnt und immer weiter dehnt, bis sie zerfällt und ihn in ihr Fallen mit hineinzieht.

Natürlich passt sie auf, nein, ihr passiert das nicht, sie kennt alle Mittel, die man kennen muss, von den Müttern und den Großmüttern; natürlich beichtet sie das nicht; das ist nichts für die Männer, nicht einmal für die Priester, dieses Wissen, jenseits von Beichte, Buße, Sünde, Schuld, ist bloß praktisch.

Nichts von diesem Gefühl des freien Falls.

Nur eine hilflose Zärtlichkeit, bei dem, eine Spannung, die sie spürt, etwas Unvertrautes, Anderes, Fremdes, das er zurückhält, das ihn zurückhält, das er nicht preisgeben kann, und das sie anzieht; der Wunsch, ihn zu erlösen und zu halten, damit er sie erlöst und hält.

Nichts weiter?

Unwillkürlich hält sie das Kind fester an den Leib, erschreckt vom Lärm.

Dazwischentreten, als die (fast) rechtmäßige Frau?

Pasqualones Knechte wollten ihn aus der Türe drängen, Michele zerrte den kleinen, fetten Kerl aus seinem schattigen Palast ans Licht, Diener, Hausmädchen drängen nach, vom Platz her eilen schon Schaulustige herbei, und natürlich dieser Spada, der überall zur Stelle ist, wo es irgendeinen Handel gibt; den mag sie nicht; mit diesen Spadas lässt sie sich nie ein; sie zieht die Burschen vor, die wie ihre Brüder sind, mit schweren Händen, von der Sonne braungebrannt, liebevoll gewaschen, stolz, dass ihre Hände sauber sind, mindestens so zärtlich, diese frisch gewaschenen Hände, oft besonders sanft, behutsam, weil sie die Kraft in ihren Händen kennen, vom Umgang mit dem Holz, dem Stein.

Sie hört den Pasqualone schreien, keifen; fast muss sie ein Lächeln mit der einen freien Hand verbergen, doch dann streichelt sie das Kind, das Gott sei Dank noch schläft, die Großen schreien schon genug.

Eine gute Partie, der Pasqualone. Vermögend, angesehen, einflussreich, verliebt. Geschenke, die sie nur am Anfang, arglos noch, behielt. Der will sie kaufen – warum nicht. Was ist die Ehe anderes als ein Handel. Man handelt Schutz ein, als Gegenleistung stellt man seinen Körper zur Verfügung, gebärt Kinder, Söhne, Erben. Wenn man Glück hat, stirbt man nicht dabei und überlebt, bis das Gebären von Natur aus aufhört; dann ist man dick und alt und schwarz gekleidet und wird sehr verehrt; oder man betrügt ein wenig, lässt jedes zweite Kind aus, damit man nicht gar so rasch alt wird.

Der Kreis, der sich gebildet hatte, mit unsicher wogenden Rändern, stieß ruckartig auf die Piazza vor.

Pasqualones Schutz braucht sie eine Weile lang noch nicht;

noch kann sie warten. Zärtlichkeit braucht sie – die Hände dieser Burschen am heißen Mittag, wenn endlich alles schläft, in diesem kühlen dunklen Flur, Hände noch rau vom Mörtel, warm von der Sonne, scheu am Anfang, all diese Burschen sind sehr scheu, sanft, freundlich, mit dem Lächeln.

Es gibt nichts Schöneres als Sex am Mittag, und im Stehen. Das Knäblein kennt das schon, erschrickt nicht, wenn der fremde Mann als dunkle Silhouette in der hellen Türe steht, die Mama, die nicht seine Mama ist, es wortlos auf den Boden setzt; es krabbelt dann zur Schwelle, spielt dort, hält Wache, weiß, dass die Mama nachher lieb ist, und auch die Fremden spielen dann noch eine Weile lang mit ihm. Geredet wird nicht. Es ist nur dieses Gefühl, das in die Knie fährt, während der harte, feuchte Stein der Wand durch den Stoff hindurch am Rücken zärtlich scheuert.

Nichts sonst; nur manchmal eine Wiederholung mit einem, der das schon kennt; den feuchten Geruch des langen stillen Flurs am heißen Mittag.

Der Pasqualone ist geschwätzig, rechthaberisch, klatschsüchtig, ein Intrigant. Daran kann man sich nicht gewöhnen.

Der Notar ist unbewaffnet; wenn er ihn jetzt nur nicht fordert, sich ihretwegen mit dem Pasqualone duelliert ... Das will sie nicht; das Schwert müsste sie ihm wegnehmen, sanft abgewöhnen, wie diesen Spada, den Umgang mit all den Spadas sachte abtöten, bis er sein Schwert vergisst.

Das Kind ist aufgewacht und schreit.

Der will doch auch nur einen Sohn von ihr, den großen rätselhaften Sohn, der aufwächst, ihm über den Kopf wächst, stumm und hilflos dasteht, als hübsches, überlebensgroßes Ebenbild. Sie will kein Kind gebären; sie trägt an diesem schon genug; sie wiegt es, doch es will sich nicht beruhigen.

Sie sieht eine Klinge aufblitzen. Der Kreis aus Neugierigen versperrt die Sicht, sie kann sich noch so zierlich auf ihren Zehenspitzen strecken.

Natürlich kann er fechten, wenn es um seine Ehre geht, umkommen wird er nicht; der andere hat seine Bravi, die ihn retten; ein Denkzettel für beide, der Turm, Schwierigkeiten und Geschwätz.

Und alles wegen ihrer Ehre; natürlich ist sie keine Hure, doch es freut sie nicht, dass er sich dafür schlägt; nicht die geringste Schadenfreude wegen Pasqualone; sie kann es einfach nicht verhindern.

Sie muss jetzt dieses Kind beruhigen, das ihr anvertraut ist.

Der Hauseingang ist leer, nichts als die stille kühle Dunkelheit des langen unbekannten Flurs, irgendein Flur, in dem es leicht nach Sugo riecht, wie aus all den Hauseingängen.

Was wollte er jetzt noch an ihrer Schwelle – beichten?

Mit so einem kann man doch nicht reden! Der wischt sich noch den Mund vom letzten Fressen, während er auf leisen Pantoffelsohlen über Marmorfliesen aus irgendeinem verborgenen Zimmer tritt, lächelt, die Hand zum Gruß reicht, freut mich, kommen Sie ein andermal, dann können wir in Ruhe über alles reden.

Nein, er lässt sich nicht so abwimmeln – er wollte eine Erklärung, jetzt!

Ich bin Ihnen nichts schuldig. Natürlich hat er nichts gesagt. Lena? Kennt er nicht. Das Mädchen von da drüben? Ja, es war ihm doch, als er das Bild betrachtete, solange man es öffentlich sehen konnte, das Gesicht hätte er auch schon irgendwo gesehen.

Rosig leuchtet das Sonnenlicht, von einem Fenster aus dem Hintergrund, in seinen großen Ohren; nein, er hat nichts gehört und nichts gesagt; er ist bloß kunstinteressiert, wie andere Notare. Ein schönes Bild, gewiss; schade, man hat es so rasch weggeräumt.

Das macht Michele rasend; dem Pasqualone geht es gar nicht um das Bild, nur um den Klatsch, um die Intrige. Seine Madonna – eine Hure! Seine Madonna hat der Kerl beleidigt, nicht seine Donna, die kann er gar nicht beleidigen, höchstens verleumden, da soll er reden, was er will, das ist ihnen beiden doch egal. Aber nicht über das Bild! Nicht seine Madonna in den Schmutz ziehen, seine Madonna missbrauchen, einzig um seine Donna zu verleumden. Um die Madonna geht es, um das Bild! Haben Sie keine Augen im Kopf? Es ist doch eine Statue, ein Bildwerk, kein Modell – jeder sieht das an dem Marmorhals!

Mein Herr, Sie sind ja verwirrt. Mögen Sie etwas trinken? Ich verstehe Ihre Sorge. Wir werden uns doch einig, vielleicht kann ich Ihnen sogar helfen gegen die Verleumder.

Die kleine, weiche Hand an seinem Ellbogen bringt ihn außer sich, dann kann er nichts mehr klären, es ist ohnehin nicht zu erklären, nicht dem da; mit Ihnen mache ich mich nicht gemein –

Er packt den kleinen Mann am Kragen, er ist nicht größer, aber kräftiger, und schüttelt ihn, während der nach seinen Dienern ruft.

Nur raus aus dieser stillen Marmorhalle, die jedes laute Wort zurückwirft. Unter die Leute, unters Volk, damit die Marktschreier deine Ohren sehen, die alles hören, alles wissen wollen, Klatschweib, Lüstling, Intrigant!

Er hätte ihn bloß auf den Platz gezerrt; ein wenig geschüttelt; in den Kot gestoßen; wenn diese Qualle sich nicht plötzlich an ihm festgeklammert hätte, drohend, warte nur, solche wie dich räumen meine Bravi weg!

Er sah die Klinge aufblitzen. Da musste auch er zum Schwert greifen.

Irgendwie schafften die Lakaien ihren Herrn rechtzeitig fort.

Da war dann nur noch dieses Ohr, ein blutiges, aufgeplatztes Ohr im Dreck, ein jämmerliches, nutzloses, großes Ohr, das Ohr dieses Marktplatzes, und was es auch hört, das Ohr, wird Blut und Schmutz.

Hast du gehört?

Niedergestreckt, am Kopf getroffen.

Ist er hin?

Nein, nur das Ohr ist hin.

Und wo ist Lena?

Wer ist Lena?

Sie kommt immer wieder vor, in den Gesichtszügen seiner Madonnen, seiner Magdalenen, unbestreitbar ähneln sie sich alle, variiert, noch bis zum Schluss, als er längst kein Modell mehr brauchte.

Er kauerte am Boden, vor irgendeiner Schwelle, malte mit dem Finger Figuren, Zeichen, in den Dreck, den Staub, als die Häscher ihn wieder einmal fanden.

Der Kardinal tat, was er tun konnte, wie üblich, dafür war ihm der Kardinal noch immer gut; er durfte doch jetzt nicht kostbare Zeit im Turm verschwenden, schon wieder, bevor nicht diese Grablegung vollendet wäre, das perfekte Bild.

Da ist sie gleich dreimal, dreimal Lena, dreimal variiert, drei Marien, Variationen der Madonna, mit persönlichem Gesichtsausdruck alle drei, aber durch die Variation der unverkennbar gleichbleibenden Züge entpersönlicht, als Individuen ausgelöscht. Die drei Marien übergeben den Leichnam des Mannes der Finsternis der realen Welt; die Welt, das ist das Grab, in das sie ihn legen lassen von den unbeholfenen männlichen Gehilfen, während sie, die Marien, trauern und mit ihren Armen die Figur des Kreuzes zeigen.

Da habt ihr seinen Leib.

Nichts erregt hier Anstoß, weder theologisch noch artistisch. Die Wunde in der Brust des Toten, die der unbeholfene Johannes, der Lieblingsjünger, der sich, wie der andere unbeholfene Gehilfe, bückt und mit dem Leichnam abmüht, versehentlich mit seinen Fingern öffnet, ist zwar realistisch, aber nicht sehr grausam, nicht sehr blutig, ein ikonologisch notwendiges Zeichen: Er zeigt der Welt die Wunde dieser Passion.

Alles hat hier seinen Sinn. Im Augenblick der Transsubstantiation erhebt der Priester, mit der Gemeinde seiner Gläubigen im Grab der realen Welt, den Kelch, die Hostie, zum Körper des Erlösers, der im Licht der anderen Wirklichkeit, des Kunstraumes, der Erlösung, zu schweben scheint.

Dies ist mein Blut, dies ist mein Leib.

Fast zum Greifen plastisch; mit seinem angewinkelten Ellbogen scheint der andere unbeholfene Gehilfe geradezu aus dem Kunstraum in die Wirklichkeit vorzustoßen, als wäre die Hülle dieses Bildraums bis zum äußersten gespannt, als müsse die Illusion gleich platzen.

Die Verwandlung der zweiten in die dritte Dimension, von Licht und Dunkel in Materie, als optische Täuschung, Kunst, Konzeption; oft kopiert bis in die neuste Zeit, variiert, zitiert, reproduziert, auf allen Buchumschlägen abgebildet.

Die perfekte Konzeption der Grablegung.

Die perfekte Grablegung des Mannes durch die Frauen. Der Mann wird weggeräumt – dogmatisch vollkommen korrekt.

Sogar mit der Zentralperspektive kam er diesmal mühelos zurecht.

Die Grabplatte, die weltberühmte Grabplatte mit der aus dem Kunstraum plastisch in die Wirklichkeit vorspringenden Ecke, oft kopiert bis in die neuste Zeit, symbolisiert den Eckstein der Kapelle, für deren Stifter diese Grablegung gemalt ist.

Sie hängt nicht mehr dort; doch eine gute Kopie aus dem achtzehnten Jahrhundert, von einem namenlosen Meister, heißt es, soll noch immer den ursprünglichen Eindruck fast perfekt vermitteln.

Die Chiesa Nuova im Zentrum Roms ist zu.

Baugerüste an den Seitenwänden, die Vorderfront liegt in der Sonne, zugänglich, nicht verschalt, die Türen abgeschlossen.

Eine ältere männliche Auskunftsperson, die aus einer dieser abgeblättert wässrig grünen Türen tritt, die Türe hinter sich verschließt – wie all diese Wächter, Verwalter, Kirchendiener in einem abgeschabten, schwarzen Anzug, die Krawatte weinrot, kahlköpfig, mit weißem Haarkranz, untersetzt, als Auskunftsperson sofort erkennbar –, sagt, um vier Uhr gingen die Kirchentüren auf.

Auch um fünf blieben die Türen zu.

Warten, in der Sonne, auf den Kirchenstufen über dem kleinen lauten Platz, einer verdreckten Grünanlage mitten im Verkehr, zusammen mit anderen, die auch eine Weile auf den Treppenstufen warten, einzig, denke ich, um dieses Bild zu sehen, am ursprünglichen Ort, aber als Kopie.

Ich wartete am längsten, ein paar Nachmittage lang, so zwischen drei und fünf.

Die abgeblättert wässrig grünen Türen in meinem Rücken, gebleicht von der Sonne, schäbig, blieben zu.

Eine verdreckte Grünanlage, Verkehr, Leute, die an der Bushaltestelle warten.

Plötzlich stand eine der Seitentüren offen.

Ein dunkler, kühler Eingang, kein Kirchenraum dahinter. Unverputzte Steinwände, Gerüste aus Eisenstangen und Holzbrettern, aus dem Hintergrund Stollenlicht, wie in einem Tunnel, an dem gebaut wird. Ein Bergwerk, eine unbestimmbar tiefe Höhle, eine Gruft.

Ich kam nicht weit, zwischen dem Gerüst, dem Baumaterial, der Wand. Doch weiter hinten schien sich etwas zu bewegen, Schatten plötzlich, die das Licht zwischen den Holzbrettern, Eisenstangen verdunkelten und wuchsen, während das Holz knarrte. Gestalten auf dem Gerüst, Umrisse, die sich behutsam näherten.

Mit einem Sprung – da stand er vor mir, ein Schattenriss im Stollenlicht, während die andere Gestalt auf allen vieren zwischen den Brettern auf dem Gerüst verharrte, das Gesicht im Hellen, ein freundlicher alter Handwerker mit einem breiten Lächeln.

Das Gesicht vor mir blieb ungenau, in den diffusen Grenzbereichen zwischen Hell und Dunkel, ein wenig zu mir herabgeneigt, umrahmt von langem wildem Haar, das an den Rändern in der Finsternis zerfloss. Der Glanz der Augen, ein Flackern auf den Wangen, halboffen der Mund, der auch zu lächeln scheint.

Eine sanfte, tiefe Stimme, ein langer, ruhiger Blick, der fragt.

Für diesen Augenblick erlischt alles draußen; kein Verkehr, keine Leute, der Lärm verstummt, als wäre die Seitentür in meinem Rücken zu; das Tageslicht fällt irgendwo anders hin, nur Kunstlicht aus dem Hintergrund, spärlich, gedämpft durch seine ruhige unfassbare Nähe.

Kein Zugang leider, die einzige Antwort, in der fremden Sprache, freundlich, mit dem ungenauen Lächeln, dieser warmen Stimme; beide warteten sie ab, der Vater und der Sohn, als hätten sie unendlich Zeit für Freundlichkeiten, aufgetaucht aus der Ferne einer gemeinsamen Arbeit, die nicht eilt.

So blieb nur das Original am falschen Ort, das absolute Kunstwerk, seiner Funktion entfremdet.

Der interessierte Kunstbetrachter in dem hellen Museumssaal

voller weltberühmter Bilder braucht den nackt dargebotenen Leib des Erlösers nicht.

Nur wenn man kniet, im Finstern, vor dem Licht, wirkt es.

Nichts als Kunstgut unter anderen Kunstgütern; ein ganzer Museumskomplex voller weltberühmter Originale, der größte Komplex der Welt, ich habe mich wie jeder hier verirrt.

An die Erlösung hat er doch geglaubt, als er diese Grablegung malte; an den Erlöser, den einzigen, einmaligen, nackt dargeboten zum Wegräumen.

Da hast du meinen Leib.

Es kann keine andere Erlösung geben.

Das hat er geglaubt und derart glaubhaft dargestellt, dass jedermann es glauben muss.

Die demütige Erfüllung eines christlichen Auftrags aus Reue und als Buße.

Auch den Ruhm der Grablegung muss Giovanni Battista Merisi, der fromme Bruder, Subdiakon des Bischofs von Bergamo, vernommen haben, zusammen mit den zweifelhaften Gerüchten, ein widersprüchlicher Ruf. Das Pfäfflein reiste an, aus der Provinz, von weither, aus Neugier und aus Sorge. Kein Pfäfflein eigentlich; ein Jesuit, jung noch, geschult, Mitglied des einflussreichsten Ordens seiner Zeit, eines politisch mächtigen, theologisch modernen, sittlich strengen, intellektuellen Ordens.

Ohne dringenden Grund unternimmt ein Jesuit kein derartiges Abenteuer. Giovanni Battista wird seinen Bischof (und seine Ordensführer) um die Erlaubnis zu einer Pilgerreise nach Rom gebeten haben, Bruderliebe wäre ein zu nichtiger Grund gewesen. Der Orden ersetzte ihm die Geschwister, Vater und Mutter, die er zu früh verloren hatte.

Was wollte der noch bei dem zweifelhaften Bruder?

Eigentlich hätte er diese Reise gar nicht unternehmen dürfen. Doch man musste gelegentlich eine Sünde begehen, eine lässliche natürlich, um nachher umso inbrünstiger zu büßen. War man sich zu lange keiner benennbaren Sünde bewusst, so wurde dieses Heilige Sakrament allmählich schal, man schlug nur noch lau zu, mit der Geißel, so dass es nicht mehr weh tat, und das war erst recht sündig.

So gab er sich den erregend weltlichen Gefühlen der Sorge, der Neugier, der heimlichen Bewunderung für den älteren Bruder hin, den Sensationen der Gefahr, der Angst, der Hoffnung, zum Heil seiner Seele, zum Zwecke der Psychohygiene.

Die Reise war Buße genug, seine Fußsohlen brannten, die Füße waren geschwollen; so dass er am Ende kaum gehen konnte; das erinnerte ihn, von fern, an die Exerzitien der Anfänge; wieder einmal natürliche Schmerzen, es ersparte ihm das Ritual mit der Geißel. Nicht einmal Erbsen brauchte es. Diese Ausflüge ins weltliche Leben, die Leidensgeschichte Christi lehrt es, sind ohnehin Passionswege, und wer diesen Weg ins Leben geht, dem folgt die Strafe auf dem Fuß.

Als Erstes dankte er dem Herrn für die Wohltat dieser Züchtigung. Dann bat er den Kardinal um eine Audienz, aus Scheu, seinem widersprüchlichen Bruder unvorbereitet zu begegnen, ohne fürsorgliche Vermittlung eines hochgestellten geistlichen Vaters. Für die unvermittelte Begegnung mit den Widersprüchen des Lebens, ungeschützt durch Vorhang und Holzgitter und ohne geistlichen Auftrag, fühlte er sich noch nicht stark genug.

Zerstreut, zwischen zwei wichtigeren Terminen, freundlich von Natur aus, streckte der Kardinal seine gepflegte Hand hin, zur Begrüßung. Doch der junge Priester ergriff sie mit Inbrunst, als küsste er nicht einen kühlen, allerdings ziemlich wertvollen Stein, sondern den Mund seiner heimlichen Geliebten.

Francesco erschrak fast; das war man in Rom nicht einmal von den Jesuiten gewöhnt. Er mochte diesen Orden nicht: zu spanisch, er selber war von jeher frankophil.

Der Junge war nicht unsympathisch; ein noch sehr jugendliches Gesicht, das nicht viel verriet und wohl auch nicht viel verbarg.

Falls Michele ihn nicht angelogen hatte, gab es keinen Bruder, keine anderen Überlebenden seiner Familie, seit der Pest.

Wer weiß, zu welchem heiligen Zweck die Jesuiten diesen Bruder ausgeschickt hatten; alle machten ihm jetzt plötzlich Michele streitig. Seinen Michele. Ausgerechnet die Jesuiten, Inbegriff finsterster Reaktion, der Missachtung des Individuums; alles war ihnen bloß Mittel, nichts Selbstzweck; die heitersten Bilder waren ihnen nur für die fromme Andacht gut; womöglich müssten sich diese armen Jungen dann vor Micheles in letzter Zeit doch ziemlich finsteren Bildern mit Inbrunst geißeln, eine peinliche Vorstellung, dafür ist große Kunst nicht da. Und Michele ließe sich am Ende noch missbrauchen, verwirrt, wie er war, mit diesen Schuldgefühlen und diesem fatalen Bedürfnis nach Erlösung.

So vertröstete er den Bruder zunächst einmal auf später; Michele hatte er weggeschickt, zu Freunden, Bankiers in Genua, die missbrauchten ihn höchstens zur Verschönerung ihrer Villen und Privatkapellen.

Auch dort noch quälte er sich, büßend, wie Johannes in der Wüste.

Kein verspielter Knabe mehr, kein geiler Giovan Battista, der bei den Bänken wohnen könnte, nein, ein rabiater junger Büßer, womöglich noch bei Mondschein. Ein finsterer Täufer, fast mochte man an die Wiedertäufer denken, doch das lag wohl zu fern. Ein vor sich hin brütender Sohn aus reichem Haus, der sich ohne äußere Not kasteit, ein feines Lammfell über den Lenden, auf einem luxuriösen, venezianisch roten Samttuch, das Kreuz der Passion, aus simplem Meerrohr, in der Hand, den Blick auf die stachligen Disteln der Auferstehung gesenkt, die zu seinen Füßen wie Flammen aus dem Boden züngeln. Im Hintergrund ein Flirren von Eichenblättern, die im Wind zu zittern scheinen.

Sucht man unter den tiefen Lidschatten von ganz nah und mit Hilfe einer Lupe seinen Blick zu treffen, so erschrickt man: Dieser plötzliche Blick ist fast fanatisch, irr – der Mund von Trotz, Enttäuschung, Bitterkeit verschlossen, die muskulösen Schenkel weit gespreizt, schon sprungbereit, entschlossen, aber wozu?

Dem ist es bitterernst, so kann kein reifer, vernünftiger Mann ihn ernst nehmen; der hadert noch, quält sich mit sich selber, mit seiner vermeintlichen Bestimmung, seinen Visionen, Obsessionen, seinem Erlösungsbedürfnis, mit der Welt, der er sich verweigert, weil sie ihn nicht ernst nimmt: leidensfähig, todessüchtig, wie manche dieser jungen Männer, mit Schlafstörungen, Verdauungsstörungen, Liebeskummer, in ihren spätpubertären Krisen.

Komm, möchte man dem sagen, lass das Meerrohr, die Disteln, diese Stacheln, dich muss man aus den hehren Eichenwäldern wegräumen – liebevoll, behutsam, sonst geht es nämlich schief.

Nichts Geileres, als solche jungen Eremiten mit List und Liebe aus dem Dunkel der Gefühle ins lichte Leben der Vernunft zurückzuführen.

Der reinste Traumprinz für die Girls von Kansas City, wo das Bild jetzt hängt.

Ein schönes, ernstes Andachtsbild, zum Sakrament der Buße, für Giovanni Battista, diesen frommen Bruder?

Beruhigt, in seinem Glauben bestärkt, erfüllt von der Religiosität der Bilder seines Bruders, die man in der Öffentlichkeit sehen konnte, tief berührt von der Grablegung Unseres Herrn, kehrte der junge Jesuit in den Palast des Kardinals zurück. Jetzt fürchtete er sich nicht mehr; er würde einen Bruder treffen.

Die frühen Altarbilder, er hatte sich über die Reihenfolge der Entstehung genau informiert, alle Bilder mehrmals gesehen, vor jedem lang gebetet, die frühen Altarbilder in San Luigi dei Francesi zeugten noch vom Ringen um den Glauben, dem Kampf mit dem Bösen, mit den Versuchungen der Welt. Sein Bruder musste durch eine Hölle von Anfechtungen gegangen sein, wie er selber sie nur aus den Beichten anderer kannte. Der Gesichtsausdruck seines angeblichen Selbstporträts war gewiss aus Reue überzeichnet: ein Blick voller Enttäuschung auf das Martyrium des Fleisches, auf die finstere Leuchtkraft der Gewalt, die verführerische Schönheit des Bösen.

Giovanni war für diese Schönheit nicht blind; doch es war ihm erspart geblieben, ihr zu erliegen, weil er diesen Versuchungen unwillkürlich und wortlos aus dem Weg ging, ein wenig traurig manchmal, aus Schwäche eigentlich, dachte er jetzt. Er fand diese Erfahrungen für sich selber unnötig, eine Störung der inneren Ruhe, bei der Erfüllung seiner Aufgabe; doch wenn niemand mehr diese Erfahrungen machen würde, würde man nichts erfahren.

Man muss stark sein, dachte er, um schwach werden zu können, und es braucht große Künstler, um es so darzustellen, dass man glauben könnte, es selber erfahren zu haben.

Sein Bruder litt stellvertretend, fast wie ein Märtyrer, dachte er und ertappte sich dabei, dass er seinen Bruder schon glorifizierte. Dabei war alle Glorie seinem Bruder fremd. Seine Madonna erscheint den Einfältigsten und Ärmsten; diese Darstellung äußerer und innerer Armut angesichts der himmlischen Erscheinung konnte er ihm vielleicht am unmittelbarsten nachfühlen, das kannte er: nichts haben, nichts sein, nur niederknien und anbeten.

Das hatte er vor dieser Madonna unwillkürlich getan.

Auch wenn Giovanni kein Anhänger der Franziskaner oder gar der Kapuziner war, die Rückbesinnung auf die inneren Werte der äußeren Armut gehörte zur Erneuerung der Kirche. Prunk war seinem Orden ein Gräuel. Bildhafte Darstellung des biblischen Geschehens und der kirchlichen Dogmen war die einzige Aufgabe der Kunst; nicht für verwöhnte Kunstkenner und Theologen, sondern für das Volk.

Bilder waren dann schön, wenn sie das Wort Gottes in ein religiöses Erlebnis zu übersetzen vermochten, und die Bilder seines Bruders waren schön.

Eine so überzeugende Bekehrung wie diejenige seines Bruders hatte Giovanni nie zuvor gesehen; das war die Darstellung einer eigenen mystischen Erfahrung, einer Erleuchtung. Die Grablegung schien schon das Ergebnis dieser Läuterung zu sein, ein Höhepunkt der religiösen Kunst, bis in alle Einzelheiten einzig für den Gottesdienst gemalt. Besonders gefiel ihm, dass sein Bruder in diesem reifsten Werk auch seine Schwäche für die Porträtmalerei, die die kraftvolle Aussage seiner früheren Altarbilder manchmal etwas störte (wie dieses im Grunde unnötig leuchtende Bürschchen in der Berufung, im Martyrium, ein zweifelhaftes Individuum, das es womöglich gab), überwunden zu haben schien; das waren keine zufälligen Individuen, keine Passanten aus dem Straßenleben, sondern Modelle, stilisiert, auswechselbar, Vorbilder mit unverwechselbarem Ausdruck, dem Ausdruck des heiligen Augenblicks, der sich auf jedes Gesicht legen kann und die Individualität, diese Verlorenheit in der irdischen Vereinzelung, auslöscht.

Sie könnten alle aus dem irdischen Leben kommen, die drei Frauen, doch in diesem überirdischen Augenblicke sind sie nur die eine, und die beiden Männer sind nichts als Werkzeug, ein schön dargestelltes Paradox des Glaubens.

Sein Bruder war ein großer religiöser Maler. Die schlimmen Gerüchte beruhten wohl auf einem Missverständnis, oder wurden ausgestreut aus Neid. Wie hatte er zweifeln können; wer regelmäßig für die Kirche malt und überdies bei einem so hochgeschätzten Kardinal wohnt, berühmt für seine Marienverehrung, seine strenge Einhaltung der Fastenregel, seine schlichte Lebensführung (selbst wenn der Kardinal nicht der Partei seines Ordens verpflichtet war, ein wohlmeinender Konservativer eher), der kann doch kein Raufbold, Hurenbube, Säufer sein.

Der Kardinal empfing ihn freundlich wie beim ersten Mal; er hatte gleich gedacht, dass dieser gnadenlose junge Pfaff sich nicht würde abwimmeln lassen. Es schien, nach übereinstimmender Auskunft seiner lombardischen Informanten, tatsächlich ein leiblicher Bruder zu sein. Er hatte jetzt keine Lust mehr, zu verhindern, was nur mit viel List noch zu verhindern gewesen wäre; er liebte die inszenierte Überraschung, die plötzliche Konfrontation, wie in einem Theaterstück, wenn der Zuschauer schon mehr weiß als die Figuren; er würde sich ein bisschen amüsieren, aus natürlicher Boshaftigkeit.

Geh, hol ihn, in Gottes Namen, der Kardinal schickte einen seiner braven Knaben nach dem Maler.

Der Bruder wunderte sich nicht; dass es in diesem Palast von Knaben nur so wimmelte, so flirrte und vibrierte, war natürlich, um jede Versuchung durch weibliche Personen von dem geistlichen Herrn fernzuhalten; dass die Knaben schön waren, auserlesen schön, von einem Kenner schöner Knaben ausgewählt, ihrer natürlichen Schönheit wegen auserwählt, nahm der Bruder nicht wahr, ebenso den dezenten Prunk dieses Audienzsaals nicht, aus falbem Marmor, klassisch streng, schmucklos, nur der heilige Sebastian hing an der Wand, natürlich der von Reni.

Er war viel zu stark beschäftigt mit der Erwartung seines Bruders; einzig die Kleidung des Kardinals bemerkte er, ausgebeult, geflickt, vom vielen Tragen geschmeidig, alte Klamotten aus sehr teurem Stoff (doch das konnte der Bruder nicht erkennen, nur Kenner können's) – unkonventionell, dachte er, für einen Kardinal in dieser einflussreichen Position, mit einem gerührten Staunen bemerkte er's (einzig eben, was er in diesem Augenblick bemerken wollte, blind für den Rest), voll Sympathie, voll Ehrfurcht.

Entweder, dachte der Kardinal, ist dieser junge Jesuit verboten gutgläubig oder aber raffinierter als ich selber. Am liebsten hätte er einem dieser vorüberflirrenden Hausbürschchen zugezwinkert, um das Spiel der Maskerade und der Demaskierung bis zum Äußersten zu treiben, wie er es mitunter mit ebenbürtigeren Besuchern tat. Doch er verkniff's sich, aus natürlichem Erbarmen mit den beiden Brüdern.

Sie erkannten sich beide nicht; der eine erstarrte, der andere begann zu schreien.

Ein Bruder? Mein Bruder? Was soll ich mit dem Bruder? Ich habe bessere Brüder, geistige Brüder, geistliche Brüder, warme Brüder –

Mein Gott, dachte der Kardinal, der war ja im Schub; der kämpfte doch mit dem widerspenstigen Sträfling an der Säule, mit dem aufgedunsenen Leib der toten Jungfrau, diesmal war es angeblich eine Hure aus dem Ortaccio, eine Wasserleiche aus der Anatomie, Francesco freute sich schon auf die Aufregung, die das geben würde, eine Blasphemie, so würde er selber, wie schon bei früheren Ablehnungen, billig in den Besitz des Bildes kommen, für seine berühmte Privatsammlung, wenn kein andrer ihm zuvorkam

– und Michele malte rasch eine neue, schicklichere Madonna für die Öffentlichkeit.

Solange der malte, kam er nicht auf dumme Gedanken, und dieser unselige Bruder wollte ihn womöglich zum Ehestand überreden, Francesco kannte doch das Geschwätz vom fruchtbaren Weib und vielen kleinen Erben. Wen wollte der unglücklich machen? Ein naives Mädchen oder die enttäuschten Kunstliebhaber?

Der Bruder flehte schon um Verständnis, stammelte etwas von brüderlich geistlichem Beistand, von Bekehrung, Paradoxa, Bewunderung, Ehrfurcht, und dann kam er tatsächlich mit der fürsorglichen lieben Hausfrau und dem gebenedeiten Leib, aber ohne große Hoffnung, nur noch pro forma.

Michele hörte es nicht, der schrie.

Der wehrt ab, dachte Francesco, aus Angst, die schlecht verheilte Narbe der vorzeitig gerissenen Nabelschnur bräche auf, alles bräche dann zusammen, angesichts der ahnungslosen Lebenssicherheit dieses wohlversorgten Bruders, der überhaupt nichts mehr begreift. Zum Glück, fand Francesco, zum Glück für ihn (und natürlich auch für Uns) kann er in diesem Augenblick an nichts anderes als an seine Farben denken, die beim Geschwätz dieses armen Bruders im Atelier eintrocknen – während er bloß schreit, als schriee er um Hilfe, ein Verstörter.

Michele!

Nun musste der Kardinal doch eingreifen, sonst trockneten die Farben wohl für lange, und am Ende käme er selber noch ins Grübeln; gegen diese Anfälle von Verstörung, die Francesco natürlich auch ein wenig kannte, hatte er als Kardinal die Termine, als Mäzen seine Kunstinteressen, als Bildungsbürger seine Hauskonzerte, als Hobby sein alchimistisches Labor, die optischen Geräte seines unvorsichtigen Galilei als Spielzeug, als guter Gastgeber die Stillleben seiner Festtafel, als vernünftiger Mensch den wöchentlichen Fastentag und als Knabenliebhaber, natürlich, seine Knaben.

Der da hatte nur seine Farben, gegen die Verstörung, die Finsternis.

Michele!

Für den allerletzten Rest an Verstörung blieb einem Marienverehrer, wie der Kardinal es war, notfalls immer noch die Jungfrau.

Michele!

Als würde er aufwachen, starrte Michele seinen Francesco an, und auch der Bruder blickte zum Kardinal, verstört.

Wir glauben, sagte der Kardinal, dass Wir diese unerquickliche Szene, nein, Gespräch, sagte der Kardinal, dieses unerquickliche Gespräch hier abbrechen möchten.

Du kannst gehen – sanft, freundlich nur noch von Natur aus, mit festem Blick wies er ihn weg, wie ein zwar gut dressiertes, aber noch immer gefährliches Zirkustier.

Michele gehorchte ihm noch immer, nur ihm, er hatte ein Recht auf seinen Gehorsam, Macht über ihn, er hatte ihn gemacht.

Der verzog sich, stumm, gehorsam, grußlos und zerknirscht, ein armer Hund.

Der Bruder, der ihn noch immer anstarrte, tat Francesco leid. Dem Jesuiten in ihm geschah es recht, doch den Bruder wollte er trösten, nicht zuletzt auch wegen seines bei der Societas Jesu, wie bei der ganzen spanischen Fraktion, ohnehin nicht allzu guten Rufs.

Das war gar nicht leicht.

Lange schauten sie einander scheinbar einverständlich an, während man nur das leise Ticken einer unsichtbaren Uhr hörte, verborgen irgendwo auf diesem überladenen Schreibtisch, das Ticken der Zeitbombe, dachte der Bruder unwillkürlich und spürte, wie ihm die Krawatte zu eng wurde. Er fröstelte im leichten Durchzug der Klimaanlage, die er erst jetzt wahrnahm.

Ich muss Sie um Verständnis bitten, Herr Merisi, hätte der Kardinal schließlich gesagt, wäre er einer dieser kunstbesessenen Verwaltungsratspräsidenten, ein lediger Spitzenbeamter mit künstlerischen Neigungen oder sonst einer dieser Dirigenten des industriellen Zeitalters gewesen, Ihr Bruder ist eben eine Künstlerpersönlichkeit, alle Genies sind etwas labil, ich erinnere Sie nur an Gottfried Benns berühmte Verbindung von Genie und Irrsinn, ein Programm geradezu, wenn auch, zugegebenermaßen, ein neoromantisches.

Herr Merisi war Jurist, Adjunkt in der Provinzverwaltung, geschult in logischem Denken; genial waren für ihn Problemlösungen oder Problemstellungen. Von Gottfried Benn wusste er nur, dass der sich das Coffein gleich intravenös gespritzt hatte. Irrsinn war ihm unheimlich, und dass das Gebaren seines Bruders irrsinnig war, vielleicht unter Drogeneinfluss, das hatte er begriffen – so glitt sein Blick die Wände hoch. Grausame Bilder: dieser Renaissance-Papst, der ihm irgendwie bekannt vorkam, aber mit zerstörtem Gesicht (von Francis Bacon, ein künstlerisches Zitat, schon heute unbezahlbar, doch das wusste Herr Merisi nicht), auch dieser zerfetzte junge Schwimmer, Detailfotografien, zusammengesetzt zu einer wirren Collage (von David Hockney, auch längst unbezahlbar), verwirrte ihn; die kleine Zeichnung neben dem entstellt zitierten Papst, bleigrau und blass, vermochte er, versunken in seinem viel zu voluminösen Ledersessel, nicht richtig zu erkennen (Knabenakt in strenger Frontalstellung mit Konstruktionslinien, ein vor Angst erstarrter nackter Bub, in den Schraubstock der Geometrie gezwängt, von Otto Meyer-Amden), sonst wäre er erst recht erschrocken. Nur dieser Bronze-Kopf auf dem niedrigen Bücherschrank voller statistischer Jahrbücher beruhigte ihn ein wenig – ein schönes, ernstes, junges Gesicht, das Konzentration und Aufrichtigkeit verriet, Sicherheit ausstrahlte; ein Araberjunge offenbar oder ein junger Berber, wegen des Mützchens.

Dass der Bildhauer, eine regional bekannte Größe, sich umgebracht hat, wusste Herr Merisi zum Glück nicht.

So schlimm, fuhr Bourbon Del Monte fort, steht es um Ihren Bruder gar nicht, verglichen mit andern. Eine schwierige Persönlichkeit, ein wenig zykloid, ein leicht, ich betone: leicht manisch-depressiver Charakter mit gelegentlichen aggressiven Durchbrüchen. Ich weiß schon, dass Sie jetzt an eine psychiatrische Behandlung denken, mit Neuroleptika natürlich, aber das wäre, glauben Sie mir, der Untergang seiner Kunst und seiner Persönlichkeit. Schauen Sie doch nur diesen Paulus an, die Bekehrung, Sie haben das Bild sicher mehrmals gesehen, eines seiner schönsten, diese Kraft, die allein schon in der Komposition steckt, eine mit äußerster Anstrengung gezähmte Kraft, alle Bewegung, alle Dramatik ist in den Kreis gebannt, den die ausgestreckten Arme des Gestürzten zusammen mit dem Leib des Pferdes bilden. Wie Sie vielleicht wissen, macht Ihr Bruder keine Entwürfe, er geht direkt mit der Farbe auf die Leinwand, das erfordert eine außergewöhnliche Konzentration. Und Konzentration, das eben ist künstlerische Kraft. Die Disziplinierung des chaotischen Ansturms, des aggressiven Durchbruchs durch die Form, die Komposition, den Rahmen, den geschlossenen Kreis der Ordnung. Behandeln wir ihn nun wie irgendeinen gewöhnlichen psychisch Kranken, so nehmen wir ihm die Spannung, aus der er schöpft. Dann würde Ihr Bruder bloß zu einem trostlosen Sozialfall.

Nein, einen Sozialfall als Bruder wollte Herr Merisi nicht; eigentlich, dachte er, nicht beruhigt, aber etwas erleichtert, hatte der Mann ja recht; und wenn er sich, wie es schien, um die Eskapaden dieses Genies kümmern wollte, so war er selber wenigstens den praktischen Teil seiner Sorgen los.

Was sollte er, überlastet in seinem Amt, weitab in der Provinz, seines weltberühmten Bruders Hüter sein?

Dankbar schüttelte er dem kunstbesessenen Verwaltungsrat, geneigten Spitzenbeamten, industriellen Dirigenten die Hand, ein wenig fröstelnd noch, resigniert, hilflos, im Vertrauen letztlich auf den Psychiater, für den Notfall.

Falls es, doch den Gedanken schob Herr Merisi, an der Luft wieder, rasch beiseite, in diesem sogenannten Notfall nicht schon viel zu spät ist. Ein Spiel mit dem Feuer: Der Größte Anzunehmende Unfall ist in dieser Konzeption der Künstlerpersönlichkeit, des Bennschen Genies, mit eingeplant: das Durchbrennen, Ausbrennen.

Das sagt der besessene Kunstsammler natürlich nie, obschon sogar der Kardinal es ahnte.

Fra Giovanni, der Kardinal hatte sich erhoben und nahm die Hand des jungen Priesters, der sich noch immer nicht rühren konnte, in seine gepflegten, kühlen Hände, es tut Uns sehr leid, Wir empfinden tiefes brüderliches Mitgefühl mit Eurem Kummer. Doch Euer Bruder, müsst Ihr Euch vorstellen, benimmt sich zurzeit so, wie ein heiliger Eremit, den man bei einer Heimsuchung überrascht, es sind nichts als Visionen, was er da erzählt; denkt nur an die Versuchung des heiligen Antonius, nichts als unkeusche Scheußlichkeiten hat sogar dieser fromme Mann gesehen.

Nein, das war nicht das Verhalten eines Mystikers, das war krank, verrückt, irr, die Obszönitäten Irrer, wie sie jeder Seelsorger kannte; oder er spielte verrückt, weil er seinen Bruder nicht mehr kennen wollte, größenwahnsinnig geworden, weiß Gott warum. Doch natürlich sagte Pater Merisi nichts, es tat bloß ziemlich weh.

Beruhigend drückte der Kardinal die Hand des Jungen fester; die Mischung aus Angst, Schrecken und naiver Zutraulichkeit in diesen Augen – fast Micheles Augen, als der noch kein Wrack war, und eigentlich, dachte Francesco, waren es auch bei Michele noch heute Kinderaugen, das Letzte wohl, die Augen, was bei der Kernschmelze verglüht, als flehten sie, die Augen, während der Rest, einbetoniert im Block dieser unveränderbaren Seele, dieses verwachsenen, verkrümmten Körpers, schon verglüht, schon verbrennt, doch das sprach selbst der Kardinal nicht aus, es rührte ihn bloß – die Zutraulichkeit beschämte ihn ein wenig.

Wie Uns bekannt ist, fuhr er vertraulich fort, schafft Euer Bruder gerade neue Altarbilder, die Geißelung Unseres Herrn, die Transitio Unserer Lieben Frau, das ist, Fra Giovanni, eine Heimsuchung, er leidet mit dem gepeinigten Herrn Jesu, er weint mit den schmerzerfüllten Aposteln, da darf man ihn nicht stören, da kann man ihm nicht böse sein. Malen ist doch wie beten, nur so überträgt sich die Inbrunst des Malers, durch das Bild, auf die Andacht der Gemeinde.

Warum eigentlich, fragte sich der Bruder unwillkürlich, während er schüchtern dem festen Blick des älteren Herrn, der ihm doch ein wenig peinlich wurde, auswich und bei Renis Heiligem Sebastian Trost suchte, warum müssen wir eigentlich all diese Grausamkeiten anbeten, nichts als Leiden, Schmerz, inbrünstig und lustvoll gemalt? Der arme Kerl erschrak über seinen eigenen Gedanken.

Pater, glaubt mir, Francesco musste wohl, um den Jungen zu trösten, zu einer kleinen Notlüge Zuflucht nehmen, dieser erschrockene Blick war ja nicht auszuhalten – glaubt Uns: Wir sind Eures Bruders Beichtvater, seine Seele ist nicht mehr in Gefahr als Unsere eigene.

Traurig und enttäuscht, ohne auf die schmerzenden Füße zu achten, kehrte Giovi nach Bergamo zurück; tat gründlich, aber lustlos Buße, im Grunde hatte er für seine ahnungslose Neugier schon genug gebüßt; kümmerte sich für den Rest seines Lebens aufopfernd um die Kranken, Irren; betete täglich für das Seelenheil seines verlorenen Bruders, dass er für dessen irdischen Frieden nichts mehr tun konnte, glaubte er zu wissen. Noch immer vertraute er zumindest der geistlichen Fürsorge des Kardinals. Von den schlimmen Gerüchten über die Todsünden seines Bruders wollte er nichts hören. Erst viel später pilgerte er noch einmal nach Rom, bloß für sein eigenes Seelenheil, und mied den Anblick von Caravaggios Bildern, als von seinem Bruder nur noch die Bilder übrig waren.

Er selber wurde alt; noch auf dem Sterbebett, wohl versorgt mit allem Sakrament, verbot er sich den einen, furchtbaren Zweifel, der ihn manchmal in den Nächten der Anfechtung befiel, aus Pietät. Wäre es denn möglich, dass dieser fromme, freundliche und gütige Kardinal, der so viel für seinen Bruder getan hatte, nichts als ein genialer Falschspieler war?

Der überlebte nämlich unangefochten heiter alles und wäre in hohem Alter beinah Papst geworden.

Sein eigenes Seelenheil nahm er gewiss nicht allzu ernst; wer sich bis zum letzten Atemzug umgeben weiß von dienstbaren Knaben, dankbaren Künstlern, weltberühmten Bildern, selbst wenn er nichts mehr sehen, kaum noch etwas hören kann, lahm schon, impotent, bei zunehmender Verwirrung der Sinne, der wähnt sich schon im Paradies.

Die Unsterblichkeit hatte er im Leben; Knaben, junge Künstler: Die einen gehen unter, andere wachsen nach, wie Unkraut im frühsommerlichen Regen, das sprießt nur so, das wuchert, dem ist gar nicht beizukommen mit Erlösung, das ist endlose Wiederholung, Variation, Kopie.

Doch so schamlos war der Kardinal gar nicht; aus natürlicher Freundlichkeit, wenn auch nicht ganz frei von niedrigen Instinkten, tat er für Michele, solange er nur konnte, was ihm möglich war. Diese Erbitterung am Ende, diese Unverträglichkeit verstand er nicht: »Un cervello stravagantissimo«, schrieb Kardinal Francesco Maria Bourbon Del Monte bedauernd einem Agenten des Fürsten zu Modena, der über Jahre hinweg von Caravaggio eine Madonna erbat – der wollte einfach nicht, nicht diese Madonna, nicht für den Fürsten von Modena, um keinen noch so sagenhaften Preis.

Ein ganz extravaganter Kopf.

Nein, natürlich ist es keine erschöpfte Hure, keine Wasserleiche, nicht bloß eine Schwangere, die schläft – es ist der tote Leib der Mutter, aus einer plötzlichen Erinnerung.

Eine junge Frau, die den Kampf mit der unheilbaren Krankheit aufgegeben hat, erschöpft vom Schmerz, erlöst. Ein Tod aus Schwäche, nach einem langen inneren Leiden, das in ihrem Bauch gewachsen ist. Sie hat nicht mehr vermocht, den Bauch mit ihrer Hand zu schützen. Ein wenig ist die Hand schon weggerutscht und gibt den Bauch den Blicken preis.

Mit dem anderen Arm hat sie schon alles weggegeben.

Die Tränen in den Augen der Männer, die barfuß aus dem unbestimmt weiten, dunklen Raum des Hintergrundes kommen, als kämen sie von weit her, aus dem Nichts ihres eigenen Todes und würden erst leibhaftig in dem Maße, wie sie begreifen, was hier geschehen ist, ihre Tränen gelten diesem aufgetriebenen Bauch, der nur Tod gebären konnte. Kein Schrei. Lautlose Trauer, jeder ist allein damit. Alte Männer, fadenscheinig, zerbrechlich, keine Väter, alt gewordene Brüder, hilflos in ihrer Trauer, bloßgestellt, wie ihre Glatzen, die vom fahlen Licht getroffen, leuchten. Nur Johannes, der Jüngste, der an ihrem Haupt Totenwache hält, scheint über den Tod nachzudenken, über den Schmerz, als beobachte er das Leid der anderen und als trauere er in seiner verhaltenen Art auch über sie. Das Mädchen im Vordergrund, das die Leiche gewaschen hat, ist gänzlich in sich selbst versunken, zusammengekrümmt auf seinem Stuhl, als säße der Tod in seinem eigenen Bauch; das kupferne Waschbecken zu seinen Füßen muss seine Tränen fassen. Ein Gegenbild, in der festgehaltenen Bewegung, zu der gelöst auf dem Rücken ausgestreckten Toten, die nichts mehr spürt.

Das Licht, das von ihrem rotgekleideten Leib abzustrahlen scheint, verliert sich rasch auf den Gesichtern, in die Dunkelheit, ein nächtlich kühles Licht, das dünn geworden ist, kein Rampenlicht; der magere Schein über ihrem Haupt, der wohl nicht fehlen darf, damit, wer das noch nötig hat, sich denken kann, wer diese tote Mutter ist, verblasst fast ganz im Dunkeln: das absolute Minimum an Heiligkeit. Kein Himmel öffnet sich über diesem Totenbett, nur ein schwerer, venezianisch roter Vorhang, der die Leere dieser Nacht noch halb verbirgt und, in der Schwebe schon, bald fallen wird. Endgültig.

Viel zu endgültig ist der Tod. Keine Himmelfahrt ist denkbar, keine Auferstehung. Der Tod ist die Erlösung; der Heiligenschein nichts als ein Irrlicht, keine Rettung. Natürlich ist das unannehmbar, für irgendeine Kirche.

Das wusste er ja.

Er kam nicht mehr dazu, es neu zu malen, annehmbar.

Er war verletzt; so stark verwundet, dass er sein Schwert nicht mehr tragen konnte und ein Boy es ihm hinterhertragen musste, wenn er sich auf die Straße wagte; ständig war er im Gefängnis, vor Gericht, unter Hausarrest, im Turm, weil er um sein Schwert gekämpft hatte, als die Polizei es konfiszieren wollte. Er ließ sich doch nicht festnehmen. Er leistete Widerstand, er leistete ständig Widerstand, wegen nichts und gegen alle.

Es scheint fast, als hätte er nur noch den Kampf gesucht, den stärkeren Gegner, die Katastrophe.

Seinen Tod.

Seine Brustwarzen sind schon spitz vor Angst.

Er weiß, dass es unausweichlich ist, er hat den Kelch im Traum gesehen, doch solchen Kerlen gibt er sich nicht widerstandslos hin, sie sollen schwitzen. Drei sind es, und sie haben es nicht leicht. Der eine braucht seinen Fuß und beide Hände, um ihn an den Pfahl zu binden, der andere reißt ihn an den Haaren, damit er endlich stillhält für den ersten Schlag, der dritte, der am Boden kniet und noch sein Rutenbündel binden muss, der weicht erschrocken diesem nackten Knie aus, das nach seinem Kinn zielt.

Das ist kein Dulder, sondern ein Rebell; ein stummer, atemloser Kampf. Der hält doch seinen Leib nicht hin zur Erlösung der Menschheit, der lässt sich nicht einfach vom Schlachtfeld tragen, beweinen und ins Grab legen, noch ist er nicht tot: Ein junger, starker Körper, der seine Kraft zeigt, nicht bloß unwillkürlich dem Schmerz ausweicht, sondern seine Haut verteidigt, die noch glänzt, noch ohne Striemen ist, leuchtend hell, der wehrt sich.

Ein sinnloser Kampf, den du verlieren wirst; du vergrößerst den Schmerz, weil sie dich überwältigen müssen, du verlängerst dein Leiden, bringst die Handlanger nur in Wut, so dass sie ihren Job gern tun werden, gründlich, mit einem Grinsen und mit aller Kraft, nach den empfindlichen Stellen zielend.

Doch du kämpfst bis zum letzten Augenblick, fast, als wäre es ein Spiel, irgendein Spiel unter Männern, ein bisschen hart, wie diese Spiele sind, bis es plötzlich ernst wird, mit dem ersten Schlag, der deine weiche Flanke treffen wird, man sieht es kommen – bis der erste Schmerz dir in die Augen schießt, in dein Bewusstsein.

Ein Spiel ist es nur für die anderen, die nie wissen, was sie tun.

Die anderen, das sind diese Haudegen, deine Freunde; irgendeiner von den Spadas: Ranuccio Ranuccio, wie er in verdorbenen Quellen manchmal heißt, Tommasoni Tommasoni aus Terni Terni echot es in deinem Kopf, von den Wänden, die wie Theaterkulissen mit spitzwinkligen Hausecken diese Straßenkreuzung eingen, auf die alle dunklen Gassen zuführen, im blauen Licht der Dämmerung.

Passanten, Geschäfte, Inneneinrichtung in den Schaufenstern, und die Straßennamen, die du kennst.

Ecke Pallacorda/Scrofa.

Ein Echo von weit her in den engen Gassen; Ranuccio Ranuccio, ein Bürschchen mit breitem Grinsen, dem alles egal ist, weil er alles nur zum Spaß tut und sofort vergisst, wenn es getan ist. Einer, den du gern haben möchtest, wer nicht, staunend, dass das alles echt ist, das Glatte, Weiche, Makellose, Männliche, feucht und warm, aus Fleisch und Blut – wer möchte den nicht wegräumen.

Zufällig bist du an ihn geraten, hast mit ihm gespielt, verloren: zehn Scudi. Eine Lappalie, wenn du es dir leisten kannst, eine Madonna für sechstausend Scudi abzulehnen; sechshundert Scudi hattest du ständig unter der Matratze, für einen Notfall.

Ein Spiel, ein Gerangel unter Männern. Nichts wolltest du verloren haben an das Bürschchen, keinen Scudo.

Plötzlich, auf diesem Schnittpunkt aller Gassen, war er dir im Weg.

Keine Angst vor ihm, er keine Angst vor dir; beide nicht allein, jeder hat seine Spadas, austauschbar und namenlos, sogar die Zahl schwankt, je nach Quelle.

Ein Sonntag, schon warm, im Mai. Spadas, die in der blauen Dämmerung aus den Gassen kommen, auf die enge Kreuzung zu, lauter Bürschchen, so zum Wegräumen. Dich hat der Spada gleich erkannt, und du erkennst den Spada, Ranuccio, Ranuccio Ranuccio echot es in deinem Kopf, doch du weißt es nicht mehr, du kannst dich nicht erinnern, irgendetwas war mit dem; er will etwas von dir; den Heimweg versperrt er dir, es wäre nicht mehr weit für dich; er beleidigt dich, den Älteren, den Hässlichen. Natürlich ist er stärker, angeblich im Recht; er baut sich vor dir auf, in seiner ganzen hübschen Größe; spitzt den Mund, lockt dich mit dem Glanz in seinen Augen, tänzelt schon mit prallen Schenkeln; der spielt mit dir, der zeigt unter dem engen Wams seine Muskeln – und will natürlich Geld von dir.

Immer wollen sie Geld von dir, weil sie trainierte Muskeln haben, diese prallen Schenkel, diesen Kussmund, diesen Glanz im Blick.

Das erregt dich, den musst du aus dem Weg räumen. Den machst du doch fertig, rufen deine Spadas, zeig's ihm, und in der Erregung hast du schon dein Schwert gezückt.

Auch der andere zieht langsam sein langes Schwert aus der Scheide.

Du reißt den Mund auf, während du schon angreifst, kämpfst; er wehrt nur ab, pariert; kein Laut von dem, er kämpft mit geschlossenen Lippen, ohne sichtbare Erregung.

So kämpfen sie an Flipperkästen, Spielautomaten, Billardtischen, so sitzen sie am Steuer ihrer schnellen Wagen, auf ihren schweren Motorrädern, blicken in die Welt, als könnte ihnen keiner.

Ihre Überlegenheit sieht jeder. Bald müssen dir deine Spadas aus den dunkleren Winkeln zu Hilfe kommen, du verausgabst dich zu rasch; so kommen die anderen Spadas, aus den anderen Seitengassen, dem anderen Spada zu Hilfe.

Das erste Blut fließt. Eine Platzwunde an der Stirn, es wird dir heiß über den Augen, schon kämpfst du fast blind. Den Schmerz spürt der andere, der auch schon blutet, nicht.

Blut – dann wird es ernst.

Du siehst wie in Rot getaucht den anderen vor dir, der nichts zu spüren scheint, nicht den Schmerz, die Schwäche, nicht die Wut; keinen Augenblick lang lässt er von dir ab, mit einer kalten Härte, die man diesem Babyface, dem Spielbub, gar nicht zutraut.

Wenn er bloß aufhören würde, nur ablassen würde von mir, ich kann mich ja nicht mehr zurückziehen, denkst du, wenn ein Schlag auf den nächsten folgt und er dir mit jedem Schlag näher auf den Leib rückt, während die anderen Spadas gegeneinander kämpfen, so dass dir keiner zu Hilfe kommen kann –

Nein, diesen Spada wolltest du gewiss nicht töten; wegräumen wolltest du ihn, dir aus dem Weg räumen, ohne zu bezahlen – der stolperte bloß, ohne Anzeichen von Angst oder Schwäche, lautlos, stumm, plötzlich, in einen ziellosen, blinden Hieb, geführt mit letzter Kraft.

Der Kopf vor deinen Füßen; das Gesicht liegt auf der Wange, der Mund ist leicht geöffnet, wie im Traum, erstaunt, mit einem leisen Seufzer unwillkürlicher Erleichterung – wäre dieser Strahl nicht, der stoßweise aus der Wunde spritzt, schwarz in der Dunkelheit, wäre die Wunde nicht am nackten Hals, der Blick plötzlich, der an dir hochgleitet, als würde er dich mustern, starr, als habe er dich jetzt erkannt – während du einfach dastehst, langsam das Schwert sinken lässt, dies fremde Schwert, zu schwer in deiner Hand.

Der Blick kippt.

Die Blutlache, die sich rasch ausbreitet auf dem Pflaster, halbkreisförmig, wie ein großes verschmiertes C, trägt deine Handschrift.

Dann wird alles rot, rot grundiert, und in dem Rot die Umrisse des plumpen Körpers, während die anderen schon an dir zerren, dich halb tragen, mit ihren dunklen Körpern das Bild zudecken – und du nach deinem eigenen Gesicht langst, deine Hände anschaust, dein Gesicht bedeckst, die Hände anschaust – Blut, nur Blut, das Blut überschwemmt die Bilder.

Jetzt bist du ein Mörder.

Den Bruder umgebracht, die einzige Geliebte, diesen Spada, Vater, Mutter, alle tot, nur Bild, es hämmert jeder Schlag in deinem Kopf.

Die Menschheit erlösen – durch Schönheit?

Nichts kann ich mehr sehen, nicht mehr sprechen, kaum mehr atmen. Jetzt binden sie dich, an den Armen, an den Füßen, sie schlagen auf deinen Körper ein, warum willst du dich wehren? Gib dich hin, den anderen und dem Schmerz. Die anderen sind der Schmerz, gib dich hin.

Sie haben mich allein gelassen; Schatten, die zerstieben. In die Knie gehen auf dem Pflaster. Nachts sind die Hunde los. Mörder, Mörder, kläffen die Hunde, unsichtbar in den Seitengassen. Flüchten, auf den Knien, bevor die Hunde kommen, auf den Knien zum Palast, auf den Knien die Treppenstufen hoch, ein Tier oder ein Büßer.

In den Palast zurückgekehrt als Flüchtling und versteckt auf Zeit.

Draußen suchen sie dich schon; sie könnten dich ausliefern, wenn sie wollten; ausgeliefert bist du den einen wie den andern.

Galgen oder Galeere oder geköpft. Kopf ab, Kopf ab, mit jedem Pulsschlag hämmert es in deinem Kopf, verbunden, festgebunden, fremde Stimmen hämmern dir im Kopf, wie Schläge auf der nackten Haut.

Deine Haut ist nichts mehr wert.

Der Galgen als Erlösung. Eine Nacht lang den Ausgang suchen, einen Fluchtweg, und verzweifeln an den Schlössern, Riegeln, Gittern, scheitern nur am nackten Stein.

Widerstand leisten, wenn sie dich am Morgen holen, wenn du die Schritte hallen hörst, die Tür sich öffnet, sie dich packen, binden. Widerstand leisten mit letzter Kraft, gegen jeden Schritt, weil jeder Schritt ein Schritt näher ist zum letzten Schritt. Widerstand leisten gegen ihre Hände, gegen die Fesseln an den Handgelenken, gegen die Seile, die in das Fleisch der Oberarme schneiden, gegen ihre Polizeigriffe, Stiefeltritte, den Schmerz noch steigern, durch Widerstand, weil es der letzte Schmerz ist.

Die letzte Wut. Keine Schuld mehr. Schmerz und Wut.

Der letzte Widerstand.

Die letzte Bewegungsfreiheit des Kopfes bis zum Anschlag des Genicks auskosten, mit letzter Schnelligkeit, bis du sie fluchen hörst, zum letzten Mal. Den letzten dämmrigen Lichtstrahl – letzte Bilder, Arme, Hände, Holz, die Schlinge – Himmel, grau darüber, Wolkenschlieren, keine Sonne, nur diese erste graue Helligkeit, die letzte, wenn die Augenbinde alles auslöscht. Noch den Knoten über dem Ohr spüren, das Seil an der Wange, als letzte raue Zärtlichkeit. Den plötzlichen Blutstau im Unterleib als größte Lust, platzen.

Keine Zeit für Schmerz. Nur Bilder des eigenen Körpers, der am Ende explodiert.

Es geht zu rasch vorüber.

Keine Angst. Was für ein Pathos, Heldentum, das würde dir so passen. Begnadigen werden sie dich, wegen deiner Bilder.

Endlos die eigene Schuld. Ruder, Ketten, nackt zwischen anderen nackten Oberkörpern rudern mit letzter Kraft, ohne Ankunft,

Ziel – den nackten Rücken des Vordermannes vor Augen und das Bild des Opfers, diesen Kopf, den du nicht mehr malen kannst.

Der Knall der Peitschenhiebe, schreien, rudern.

Keine Erlösung. Das junge Gesicht, den Mund halboffen, der entblößte Hals, der auf dem Pflaster blutet. Deine blutverschmierten Hände.

Schweiß brennt dir in den Augen. Die Angst vor dem Riemen der Peitsche, der wahllos trifft. Mit dieser Angst endlos weiterrudern, in den Wogen aus Schmerz, weiterrudern gegen das Bildnis des Opfers, das Gesicht, das auf dem Pflaster verblutet, den unerreichbaren Rücken des Vordermannes vor Augen.

Die Schwielen an den Händen verhornen. Die Striemen vernarben. Der Schmerz wird Gewohnheit. Doch das Bildnis des Opfers verblasst nicht, auf dem striemigen Rücken des Vordermannes, deine Schuld ist eingebrannt, mit den Hieben der Peitsche, auf dem unerreichbaren Rücken des Vordermannes, für einen langen, sinnlosen Lebensrest.

Schwarzbraune, salzkrustige, geschundene Haut. Schulterblätter, die sich spreizen, verkrampfte Nackenmuskeln, Oberarme in der immer gleichen Bewegung, vor und zurück, als würde der Rücken des Vordermannes sich aufbäumen im Trotz und gleich wieder wegducken unter dem Hieb – aufbäumen und wegducken – der Rücken des Büßers, der Torso aus Stein, der sich aus dem Felsbrocken herauszuwinden sucht, erstarrt in der Schuld.

Weiterrudern, im Gleichtakt mit dem unerreichbaren Rücken des Vordermannes, in das Bildnis des Opfers hineinrudern, das auf dem Pflaster verblutet, zu den Peitschenhieben der Wogen, dem Ächzen der Planken, dem Knarren der hölzernen Pritschen im Schiffsbauch, weiterrudern in den unerreichbaren Rücken des Vordermannes hinein, das Bildnis des Opfers vor Augen, im Schiff der Strafe, das nie ankommt, nur untergeht, in diesem Meer aus Schuld, als letzte Rettung, die einzige Gnade.

Flüchten?

Du bist ja gebunden; ringsum dieses Meer aus Schuld; das Schiff der Sträflinge, aneinandergekettet bei Tag, ineinander verkeilt bei Nacht; die Nacht vor dem Galgen, kein Ausweg, der Schmerz hämmert im Kopf; die Stimmen im Kopf; das Bildnis des Opfers, die Handschrift im Blut, das junge Gesicht, das auf dem Pflaster verblutet, ein Kindergesicht mit verwundertem Mund, im Schlaf nur – nur Traum.

Die Wunde am Hals zupinseln, die Blutlache, die Handschrift.

Den Schlafenden vom Pflaster hochheben und ins Leben zurücktragen – wie Lazarus – Lazarus malen!

Ein Pferd!

Ein Pferd ist die Hoffnung, ein gewöhnliches geschecktes Pferd – die Erlösung ist ein Pferd!

Sie haben mir das Maul zugebunden, den Kopf bandagiert, mich eingesperrt, versteckt und allein gelassen.

Werden sie mich ausliefern?

Du bist dem Kardinal ausgeliefert; du bist ein Pfand, das man einhandeln kann gegen ein Bistum für einen jüngeren Günstling, eine Pfründe, einen diplomatischen Vorteil, der Kardinal kann dich erpressen: nur noch für ihn malen, eingesperrt im Palast, der Öffentlichkeit verheimlicht, vorzeitig für tot erklärt, als Gefangener, das Schwert im Nacken. Auf dem Pflock schon, die Hände auf den Rücken gebunden, das Gesicht über dem Korb, auf den Schlag warten; der Kopf lebt noch, vom Rumpf abgetrennt, mit aufgerissenen Augen.

Das letzte Bild.

Es ist nicht schmerzlos, der Schwerthieb sitzt nie, man muss den Kopf mit dem Messer noch sauber vom Rumpf trennen.

Die letzte Empfindung.

Mit dieser Empfindung im Nacken, totgesagt, nur noch malen, was der andere will, für seine private Sammlung, seine verschwiegenen Freunde, die Nachwelt, nur malen. Johannesknaben von vorne und hinten, drapiert oder nackt, in der Wüste, in der Wildnis, mit dem Widder, dem Bock, mit dem Meerrohr, Johannes der Täufer, Johannes der Büßer, Johannes im Kerker, Johannes enthauptet, das Gesicht auf dem Pflaster, die Wunde am Hals, in der Blutlache die Handschrift.

Da kannst du dich gleich selber enthaupten – zum Spaß.

Nein! Meine Bilder sind mein, meine Schuld gehört mir, meine Strafe bin ich. Ein Pferd! Ein Pferd für meine Bilder, meine Bilder für ein Pferd, die letzte Gunst des Kardinals ist ein Pferd.

Die Sabinerberge. Das Wohlwollen der Colonna, der Sforza. Die karge Insel der tollkühnen Ritter.

Ein Schiff!

Der Schutz des Vizekönigs. Die Gunst der Sforza. Das Gut der Colonna. Die Sicherheit der Sabinerberge.

Ein Pferd!

Zum Teufel mit den Wörtern, den Stimmen, diesem Hämmern im Kopf. Stillliegen, auf dem Rücken, ist unerträglich. Aufstehen und flüchten. Die Wunde am Hals zupinseln. Den erschlafften Leib vom Pflaster aufheben, ins Leben zurückküssen, bis die Augen sich öffnen, erstaunt und ohne Gedächtnis, wie ein Bub, der aus dem Tiefschlaf erwacht, die Arme noch ausgebreitet, vom Kreuz des Todes genommen.

Eine Auferstehung!

Die Auferstehung? Eine widernatürliche Himmelfahrt, gegen alle Gesetze der Schwerkraft. Eine Himmelfahrt ist doch undenkbar, ein steif nach oben schwebender Mensch, selbst bei Bellini sieht man, dass er sich einen schwebenden menschlichen Körper nicht denken kann. Eine unglaubwürdige Körperhaltung, ein undenkbarer Zustand.

Mit Hilfe von Engeln?

Schon an Engel zu glauben, ist schwierig, da braucht es Wolken als Hilfsmittel, Flügel, immerhin kann man sich die Vögel zum Vorbild nehmen, Spatzen, mit ihrem gedrungenen Körper, darum müssen es Knaben sein. Knaben flattern doch immer, im Gehen und Rennen, sie überkugeln sich und stehen gleich wieder auf, sie fallen leicht und oft und fliegen auf ihren Rollbrettern im Schwung noch bergauf, stehen einen Augenblick schwerelos still, mit offenem Mund, drehen und wenden sich, gegen alle Schwerkraft, bevor sie sich gehenlassen und wieder davonflattern. Da braucht man bloß zuschauen, dann kann man sich Engel schon denken.

Doch diese flatternden Knabenengel können keinen erwachsenen Mann tragen, schon gar nicht nach oben.

Ein erwachsener Mann, der vom Boden abhebt?

Im Luftsprung vielleicht, aber das wäre lächerlich, mit angespannten Muskeln, gestrecktem Hals, da sieht jeder, dass der wieder auf den Boden zurückkommt. Er muss gar nicht in die Luft, in den Himmel, nur aus der Finsternis auf die Erde zurück, ins Licht; er muss nur die Grabplatte sprengen, mit der letzten Kraft seines Körpers, in der Auferstehung des Fleisches; das müsste man zeigen, als Hoffnung, nur das wäre wunderbar – ohne die Hilfe der Engel ...

Die Kraft, die Augen zu öffnen, die Last vom Leib abzuwerfen, den Schmerz zu überwinden, die Schwäche, die Angst; die Kraft, aufzustehen und wegzugehen, durch die Reihen der gleichgültigen ungläubigen Wachen, die noch mit offenen Augen schlafen, diese Knappen des Papstes, beschäftigt mit ihrem eigenen Fleisch, so dass sie den Totgesagten gar nicht erkennen, diese armselige geschundene

Gestalt, die sich gebückt in die Dunkelheit wegstiehlt, während es bloß ein bisschen donnert und blitzt, ein fernes Gewitter, ein Wetterleuchten, ein Erdbeben später, das die vage Erinnerung an diese Auferstehung zerstört, das Bildnis – bloß eine unsichere Beschreibung als Beleg.

Es gibt keine Auferstehung. Weggehen, unerkannt, das ist schon wunderbar genug, nicht in ein paradiesisches Land, sondern in die Anonymität einer Großstadt, als Flüchtling, um zu überleben.

Nicht erkannt werden in der fremden Gestalt.

Sich verstecken in wechselnden Herbergen, unter falschem Namen, in einer anderen Identität.

Die Wunden, die verdächtigen Narben verbergen.

Ein südländisches Hotelzimmer, hoch, kahl, hell, eingerichtet mit dem Nötigsten; ein kleiner Balkon, knapp einen Schritt tief, knapp einen Schritt breit bis zum schmiedeeisernen rostigen Geländer, frei an der Hotelfassade hängend: eine winzige Plattform über dem Abgrund der Straße, ein Vorposten über der Stadt, ein Ausguck auf den Bahnhofsplatz, ein Krähennest über der Bucht von Neapel.

Den Berg kann ich kaum sehen; nur weit entfernt im Hintergrund einen verschwommenen Kegel, ein Schatten mit unsicheren Rändern, hinter dem braunen Dunst, der den Horizont verschmiert. Stinkender Rauch qualmt aus den Fabrikkaminen der Industriezone; manchmal, wenn aus dem Kaminrohr einer Ölraffinerie ein Flämmchen züngelt, kann ich mir einbilden, es sei noch immer der Vesuv, der Feuer speit.

Die ganze Stadt scheint aus dem Untergrund zu dampfen; ein blasser bräunlicher Schimmer, wie auf einer alten Daguerreotypie.

Eine schamlose Stadt, heißt es, seit jeher; die erste Großstadt des europäischen Festlandes, übervölkert wegen der Landflucht, aufständisch, brodelnd im labyrinthischen Untergrund verborgener Keller, Katakomben, Purgatorien, korrupt schon unter den spanischen Vizekönigen.

Die biographischen Spuren verlieren sich hier. Keine Beziehungen mehr, keine Spadas, nur noch die Erinnerung an die früheren römischen Modelle, aus dem Gedächtnis gemalt, ein geschlossener Personenkreis.

Ein kleiner Bub, allein auf dem langen Balkon des Nachbarhauses, winkt mir über den Abgrund der Straße hinweg zu, während ein junger Mann im Rahmen des offenen Fensters darunter sich schön macht für den Ausgang, mit nacktem Oberkörper, vor einem Spiegelschrank, so dass ich ihn doppelt sehe, verschwommen, von vorne und von hinten.

Ich winke zurück durch den Dunst.

Amor ist tot. Er schlafe bloß, heißt es, und träume, wegen der verspannten Haltung des Körpers, doch dieser Schlaf ist zu tief, die Hautfarbe krank, gelblich und grünlich – wie sehr später Rembrandt –, die Haltung ist starr. Da sind keine Träume mehr möglich. Ein vorzeitig abgestorbener Sohn, ein vergessenes Baby. Nutzlos geworden das Spielzeug, die Pfeile, der Köcher. Ein ausgesetztes, verhungertes Kind, allein zurückgeblieben auf der leeren Bühne, nachdem man die anderen Leichen fortgeschafft und die Scheinwerfer gelöscht hat. Bleiches Mondlicht, Totenlicht. Nur Tod noch, ohne venezianischen Vorhang. Das Blutrot der Grundierung schimmert schon überall aus dem Hintergrund.

Eine offene Bühne voller Leichen, im Leeren. Ein paar Menschen, klein auf ihrer Insel aus Licht, verstrickt in Gewalttaten, verloren im Nachtraum, der sich ausdehnt. Ausgeblutete, späte Knaben, schmächtig, zerbrechlich, verbraucht.

Nur die Bilder, die späten, die letzten, als Spur – alle auf Capodimonte versammelt, dem anderen Berg.

Der da hat gut grinsen, als Werbeträger auf dem Ausstellungsplakat – aus dem Hinterhalt schaut er mir über die Schulter hinweg zu, während ich an der Hotelrezeption meine Identität abgebe, den Pass, das Geld, alle Dokumente, in einem Briefumschlag, zugeklebt, unterschrieben, wie versiegelt, als sei es für immer, aus Vorsicht. Ein alter Bekannter, taufrisch noch und saftig. Ich weiß doch, wie der grinst, an die Wand gepinnt gleich neben der Treppe, so spüre ich seinen

Blick körperlich, im Rücken. Den möchte ich klauen ... doch die unfreundliche Aufmerksamkeit des Hotelpersonals ist einschüchternd – man mustert mich, beobachtet mich, misstraut mir: lauter finstere, hemdsärmelige junge Männer, im Büroraum hinter dem niedrigen Tisch, die einander gleichen, als wären sie miteinander verwandt.

Jetzt habe ich ihnen alles anvertraut; und der Kerl grinst.

Von den Flügeln sieht man auf dem Plakat nur den Ansatz, als unbestimmbaren Schatten; den Unterleib haben sie abgeschnitten, doch auch so zeigt er genug, diese Pubertätsspeckfalten über dem Bäuchlein bis zum Nabel. Er wirkt erwachsener, reifer, realer, weil alles Allegorische fehlt, diese Pfeile, die Himmelskugel, das Zeug, auf dem er herumtrampelt im Original, weil man einfach nur das sieht, was diese Knaben auch kostenlos zeigen – im Schwimmbad zum Beispiel, oder wenn sie sich strecken, beim Fußballspielen, nach dem Kopfball, ein Volltreffer, wenn das knappe T-Shirt hochrutscht. Sehr werbewirksam, halbnackt bis zur Gürtellinie, aus dem dunklen Versteck heraus grinsend, präsentiert er sich – und präsentiert sich Neapel: Caravaggio und seine Zeit, heißt es in Goldschrift, störend natürlich, wie jede Schrift.

»Sciopero«, das Wort war mir fremd; in großen, blauen Kugelschreiberbuchstaben, dick und fett durch mehrmaliges Darüberschreiben, auf grau kariertem Notizpapier, schräg an die Fenster der Fahrkartenhäuschen geklebt, überall auf dem Areal des Busbahnhofes; ein Areal aus Inseln, zwischen denen die schwerfälligen unförmigen Busse schlafen, am helllichten Tag.

Der Mann in dem Glashäuschen schüttelt bloß den Kopf, winkt ab und zeigt auf das Wort an der Scheibe.

Streik.

Kein Bus fährt jetzt nach Capodimonte, und es ist weit bis dorthin.

Ich habe doch Zeit – und alles im Kopf; was laufe ich diesen Bildern nach, womöglich zu Fuß auf den Berg ...

Eine Hafenstadt: Im Geschiebe der Menschen, der Autos, der Vespas, von dem ich mich bald schon mittragen und mitschwemmen lasse, ein Treibholz, Schwemmgut, ein Kopf nur, der fremdsprachig denkt, stumm, bloß Augen und Füße, kommen mir immer wieder Matrosen entgegen, vereinzelt, leuchtend weiß, blasse, blutjunge Gesichter, kindlich, wegen dem roten Pompon auf der Mütze, dem leichten Hemd mit den zu weiten kurzen Ärmeln, dem blauen Anker auf der Brust. Sie sind angeschrieben, in goldenen Lettern auf dem schwarzen Mützenrand, »-eau« kann ich lesen, nicht mehr; doch aus Bruchstücken, Wortfetzen, Buchstaben, über den austauschbar blassen und blutjungen Gesichtern, kann ich bald den ganzen Namen zusammensetzen, immer dasselbe Wort: Clemenceau.

Irgendein fremdes, großes Schiff; sie häufen sich, begegnen mir in Gruppen und Grüppchen, lilienweiß verkleidete Knaben mit zu lauten arglosen Stimmen, französische Brocken in dem italienischen Lärm. Französische Marinekadetten, uniformierte Knaben auf Urlaub, die sich verlaufen, zerstreuen –

Hafengegenden sind nicht schön. Ein weites, leeres Areal, ich fühle mich verloren, schutzlos. Breite Schienen im Asphalt, Schuppen mit halboffenen Toren, dunkle Räume dahinter, deren Wände sich im Dunkel verlieren. Vergessene Gabelstapler. Vereinzelte Menschen, die sich in verschiedenen Richtungen entfernen.

Mir bleiben nur Inseln – vom Kastell aus, durch eines der hohen Bogenfenster, die aufs Meer hinausgehen, kann man sie sehen: Ausflugsinseln, unwirtlich von Natur, karg, vulkanischen Ursprungs, touristische Inseln heute, Ferieninseln, Badeinseln, Fluchtinseln, Knabeninseln, die Insel der tollkühnen Ritter und ihrer Pagen.

Der Schatten einer Insel am Horizont, eine Verlockung. Allein in dem dunklen Gewölbe – ein Verlies, bedrohlich, weil man die einzelnen Steine sieht, die sich unverputzt zu dem Gewölbe fügen, und weiß, dass sie nicht durch Mörtel zusammenhalten, sondern nur durch den Druck, genau berechnet – von den Inseln träumen, wie dieser späte, schmächtige Johannes, von dem der Widder sich hochnäsig abwendet; ein anlehnungsbedürftiger Bub, pubertär noch, aber schon verdorben im Innern, ausgezehrt von heimlichen Ausschweifungen; in seiner düsteren Wildnis träumt er von einem Aufbruch, einer Flucht, einer Ferne jenseits des Bildrahmens, jenseits der Ikonologie, die ihn in ein vorbestimmtes Schicksal zwängt – auf eine Insel träumt er sich, zu dem Wohltäter der Inselknaben, einem deutschen Baron. All diese Inseln, man kennt das, waren zu Beginn unseres Jahrhunderts die Fluchtinseln halbadliger Schwuler, voller Inselknaben zum Herausputzen, Verehren, Lieben und Ablichten, unter dem Vorwand ethnologischer Studien.

Glück, mit fotografischen Mitteln festgehalten, ergibt Kitsch.

Ein Inselknabe – der sich ablichten lässt von dem Knabenliebhaber in der Pose des späten Johannes, müde von dem vielen Posieren, welk vom Geliebtwerden, verblasst von dem Ablichten, während sein Lendentuch schon rutscht.

Er mag es nicht aufhalten, nichts mag er mehr aufhalten; er weiß im Voraus, während er träumt – man kann es im Gesicht lesen, an diesem passiv sinnlichen Mund – wie er gebraucht wird, als glücklicher Inselknabe dem Glück des Knabenliebhabers dienend.

Doch als Johannesknabe in der Wildnis träumt er von seiner vorbestimmten Enthauptung als erwachsener Mann, ohne Fanatismus, Angst oder Verzweiflung, bloß fatalistisch, er kann es nicht aufhalten.

Er weiß es – wie Corradino, der in diesem Kastell nicht älter wurde als sechzehn, der letzte der Staufer.

Ein dunkler Schacht, der in die Tiefe geht, gesichert durch ein Geländer; dort unten, in dem Verlies, einer sogenannten Oubliette, wartet der sechzehnjährige Knabe, der ahnt, dass er der Geschichte geopfert wird, missbraucht. Johannes Corradino, blutschimmernd in seinem dunklen Verlies, der auf die unwirkliche Insel der Rettung blickt und von einem tollkühnen Ritter träumt, einem Großmeister … während der Inselknabe, als Page neben seinem Großmeister, auf der unwirtlichen Insel, ins Offene blickt, hellwach.

Das letzte Modell, dieser maltesische Großmeister, ein Franzos; der blickt über alles hinweg, routiniert, auf etwas Bestimmtes, das gleichgültig ist und immer unsichtbar bleiben wird, herrisch, aber müde, wie all diese Großmeister.

Denkbar, dass beide, der Großmeister und sein Page, aus dem gleichen Grund aufs Meer hinausblicken, in die Weite – aber mit unterschiedlichen Gefühlen.

Ringsum ist nur Meer, das Meer ist überall, eine öde und tote Fläche, eine Bedrohung für den Mann, ein Versprechen für den Bub.

So warten sie beide, der Mann und der Knabe, auf ihrer Insel aus Finsternis, seit vierhundert Jahren.

Nein, einer derartigen Insel, unwirtlich, weit draußen, streng bewacht, entkommt man nicht ohne weiteres … vor allem nicht als Gefangener, in die Oubliette geworfen, dieses finstere Loch zwischen unüberwindlichen Mauern – aus eigener Kraft angeblich, ohne Hilfe von außen. Eine kriegerische Inselgemeinschaft, strenger als ein Kloster, ein militärisch-christlicher Männerbund; schon am Anfang des Niederganges, der glorreiche Sieg über die Ungläubigen liegt lang zurück, aus den Kriegern sind Polizisten geworden, gegen die Seeräuber, schlecht bezahlt wie alle Polizisten, so dass sie selber ein wenig seeräubern müssen. Aber es sind Ritter, mit dem großen weißen Kreuz auf der nachtschwarzen Brust; christliche Ritter, Kreuzritter.

Warum ausgerechnet Malta als Fluchtinsel?

Die Enthauptung Johannes des Täufers, mit einem schlecht sitzenden Schwerthieb und dem Taschenmesser nachher, um den Rest sauber abzutrennen, die schönste und größte aller Enthauptungen, von dieser finsteren Leuchtkraft, rotgolden und dunkel, unterschrieben mit Blut, wie ein Pakt mit dem Teufel oder eine Blutsbrüderschaft, wurde feierlich enthüllt in der Hauptkathedrale der Ritter – Caravaggio zum Ritter geschlagen, als Dank für diese Enthauptung, reich beschenkt vom Großmeister mit einer goldenen Kette; Bruder unter Brüdern nun; kein Flüchtling mehr, der sich unerkannt wegstehlen muss, kein Mörder.

Natürlich wurde die verschwiegene Vergangenheit ruchbar, sehr bald – peinlich, nicht nur für ihn selber. Der Großmeister war doch diesen Bildern verfallen, der finsteren, blutschimmernden Leuchtkraft, der wollte die Bilder retten, auch die künftigen Bilder, den Maler – auf einer derart unwirtlichen Insel, weit draußen, lernt man Bilder erst schätzen, da bleiben doch nur Bilder.

Eine furchtbare Insel, für einen Städter, an Rom gewöhnt, an Neapel – da kann man nur noch malen; blutige Hintergründe, finstere Innenräume, Festungen, Mauern, Verliese; Drill, militärische Zucht, ein Gefängnis; die Oubliette für ungehorsame Ritter und unfolgsame Pagen, wer sich nicht fügte, wurde zu Tode gefoltert.

Die Insel der harten Männer mit ihren weichen Knaben an goldenen Ketten.

Kein anderer Großmeister hat sich zusammen mit seinem Pagen abbilden lassen, nur dieser Franzose; ein traditionelles Porträt, ausgeführt nach strengen Vorschriften, als Huldigung, um die Gunst des Großmeisters zu erlangen, die stillschweigende Absolution von aller Vergangenheit ... *Sein* Bildthema: der Mann und der Bub, der Meister und sein Zögling. Einen Stab hält der Meister in seinen gepanzerten Fäusten, den Helm für den Meister – ein monströses Kunstwerk, mit Federbusch, aber fahl, ohne Goldglanz – trägt der Zögling.

Aller Glanz liegt auf dieser unschuldigen, knapp geschorenen, strohblonden Pagenfrisur, auf den Gesichtern; nur in den Gesichtern ist persönlicher Ausdruck, der Rest nichts als Rollenspiel, Ausdruck der Machtverhältnisse, stumme, geübte Haltung – nur mit den Blicken können sie reden. Ein frühreifer Blick, von dem Zögling, überhaupt nicht verführerisch, das Gegenteil all der Johannesknaben, klug, fast gewitzt, aber rein; er durchschaut alles, den Maler, den Betrachter, den Kunstliebhaber jeglicher Zeit, jeden Liebhaber.

Mag sein, dass es auch um den Knaben ging, um den Pagen, den Zögling – um heimliche Eifersucht, gegenseitiges Wissen, Komplizenschaft, Erpressung, denn auch das war auf der Insel verboten, für den Maler wie für den Meister. Eine brisante Affäre, unter solchen Verhältnissen – da kam die verschwiegene Vergangenheit gelegen.

Aburteilen, bannen, ausstoßen, verfluchen, abhauen vom Leib der Inselgemeinschaft »wie ein faulendes stinkendes Glied« musste der Großmeister den enttarnten Frevler in jedem Fall – aber erst nachträglich, nachdem der in Sicherheit war, ausgeschafft heimlich – und rhetorisch bloß, nicht mit dem schlecht sitzenden Schwerthieb.

Ein sympathischer Großmeister, etwas versoffen, ein gealterter Haudegen, besänftigt; fast zivil auf dem zweiten, dem letzten Porträt, da blickt er nach unten, ins Finstere, wo vorher der Page war, allein nun, ein alternder Mann, ohne Rüstung, nur noch einen Schwertknauf in der Linken und das Kreuz auf der Brust – reinweiß, nachtschwarz. Rot grundiert, blutschimmernd, wie alles, in einem üppigen Goldrahmen.

Hat er den Bub, seinen untreuen, unzüchtigen Zögling in der Finsternis der Oubliette versenkt, ausgepeitscht bis aufs Blut, gefoltert, enthauptet mit dem Schwert, geopfert – und bereut es? Ein Verlassener, der ins Leere blickt, kein Kriegsherr, kein Sieger. Er schaut seinen Maler nicht an, er schaut weg, er schaut über alles hinweg, er will es gar nicht gesehen haben – aber in heimlichem Einverständnis, mit Verständnis zumindest, sei es für die Bilder oder die Knaben ...

Beides ist doch unchristlich – und schön: auch schön könnte ich es mir denken, allein in dem alten Kastell, auf der Insel des kunstverständigen, französischen Adligen, mit den hellhäutigen Pagen, den schwarz uniformierten Rittern, in den Festungsmauern voller Bilder von finsterer Leuchtkraft, auf blutschimmerndem Hintergrund, Geißelungen, Enthauptungen, Opferungen, Sündenböcke im letzten Moment, Prügelknaben, blutschimmernde Haut, in den Verliesen mit den goldenen Ketten – bloß der Totschlag bliebe verboten, die Verstümmelung, der schlechtsitzende Schwerthieb, aus ästhetischen Gründen.

Die Vernichtung des Schönen ist unästhetisch.

Kunst oder Kitsch. Was bleibt denn sonst – auf einer einsamen Insel?

Am Ende hat er seinen Großmeister zum Heiligen gemacht, halbnackt, ausgezehrt bis auf die Knochen, fanatisch nur noch mit Schreiben beschäftigt, blicklos für alles, den Totenschädel auf dem Schreibtisch, das hölzerne Kreuz der Buße, rotschimmernd wie alles, ein Einsiedler – die Ekstase im Kopf, im Kopf alles, nur im Kopf, die Bilder, die Pagen, die Insel, ein verschwommener Schatten im Dunst.

Ein graues, sehr großes Schiff, das rußschwarzen Rauch ausstößt, weit draußen am Pier. Eine schwimmende Maschine – eine Plattform, die den Pier verdunkelt, hochaufragende Bordwände aus Panzerplatten, wie Festungsmauern – mit Wachtürmen, Bordkanonen, die auf die Stadt gerichtet sind, ein Jagdbomber mit hochgeklappten Flügeln steht über dem Bug zum Angriff bereit.

Da kommen sie her – die dienenden Knaben, leuchtend weiß, in Massen.

Der Zugang ist nicht einmal abgesperrt, doch der Eingang ist streng bewacht, ein schmaler Steg, ein schwarzes Loch in der Bordwand, dort verschwinden die Schäfchen, während schon wieder andere herauskommen. Das muss eine Fabrik sein, dieser Flugzeugträger, die Knabenfabrik, ein grauer, gepanzerter Bauch, der Knaben gebärt und wieder verschluckt, Fließbandproduktion über den Laufsteg, denke ich, sie sehen sich nämlich alle ähnlich – rein weiß, mit diesem obszön entzündeten Knopf auf dem Hut.

Stoff nur.

Da stehe ich, klein vor der hochaufragenden Festungsmauer der Knabenfabrik, und kann mich nicht einschleichen.

Die können mir doch, denke ich … falls ihnen je einfallen sollte, bei erhöhter Alarmstufe vor der libyschen Küste zum Beispiel, dass sie alle auf nichts als den Tod warten, während einer langen Nacht quälender Ungewissheit, in diesem schwülen Bauch, zum stampfenden Rhythmus der Aggregate … wichsen können die noch, kollektiv wenigstens, leuchtende Bilder im Kopf, gegen die Angst, nicht nur wichsen vielleicht, falls sie auch den Rest noch rasch genug lernen, samt Bauchlandung und Barockflug, wenn sie ihre reizende Verkleidung beizeiten über Bord werfen und nicht länger dienstfertig warten, geile Knaben, im Alarmzustand – bevor sie in Rauch aufgehen, entleibt.

Da muss man es rasch lernen.

Der kann schon alles, noch vor der Pubertät, der Bub, das schwarze Haar zerzaust über der Stirn, im Fahrtwind, sogar auf dem Arsch einer Tram balancieren kann der, knapp über den Blechdächern der ineinander verkeilten Autos schwebend, als könne er auch noch fliegen, im Tiefflug zeigt er den Passagieren, eingezwängt hinter der Heckscheibe, dass er auch schon Zigaretten rauchen kann, sogar während er fliegt – dann duckt er sich wieder, der Kobold, rauchend und fliegend, vogelfrei ... hier muss man fliegen können.

Alles verdampft – im Vico del Fico al Purgatorio, ein Durchgang zum Labyrinth, ein Kamin, die Altstadt dahinter dampft von Abgasen. Da hört man sie schreien ... auf den Stühlen rund um ein Tischchen auf dem Gehsteig vor der Bar: Erwachsene, Große, die sich so laut streiten, dass man sie sofort sieht, doch vielleicht streiten sie sich gar nicht, unterhalten sich bloß, aber so heftig, dass man sie sehen muss, ohne ein Wort zu verstehen, im Vorbeigehen.

Da steht er. Gegen den Türpfosten des Bar-Einganges gelehnt, im Halbdunkel, reglos, während sich die Erwachsenen streiten. Die weiche fahl weiße Haut nackter Schultern. Das dunkle Gestrüpp unter den Achseln. Die spitzen Hautknötchen unter dem satt blauen Stoff des Unterleibchens. Ein Volltreffer der Blick, aus dem Hinterhalt, vor der leeren neonhellen Bar, unbeweglich am Türpfosten, unberührt vom Streit der Erwachsenen, stumm, der braucht gar nicht zu schreien, der zielt mit dem Blick, auf mich zielt er, mit äußerster Aufmerksamkeit für alles, was da vorbeigeht. Der schaut mich ja weg – ich kann mich doch nicht an ihm festhalten, an seinen nackten Schultern: der schmeißt mich um. Der räumt mich weg. Der löscht mich aus mit seinem Blick.

Ein Standbild.

Standbilder überall.

Nur noch Bilder.

Da grinst er mich an – plötzlich, schwebend im Nachtraum, aus dem Hinterhalt des Palazzo Reale, im Hof versteckt, grinst er mir durch den Torbogen zu – ohne Ansatz von Flügeln im Dunst, überlebensgroß.

Druckerschwärze, Papier, Klebstoff – der Amor.

Festungen, Türme, Brücken als Wegmarken – die Beschreibungen der jungen Männer in meinem Hotel sind mir zu ausführlich, auf Englisch. Ich laufe einfach dem Bub nach, denke ich – der ist doch unübersehbar, als Wegweiser, so wird er mich führen.

Sie streiken noch immer.

Eine jämmerliche Figur eigentlich ... in einer sogenannt großen Zeit; die Zeit der großen Entdeckungen, die Zeit des großen Galilei, der taktisch klug widerrief, die Zeit des großen Nolaners, der für seine Überzeugung auf dem Scheiterhaufen verbrannte, die Zeit der ersten großen Bürger, Kapitalisten im Marx'schen Sinn wie dieser Scipione Borghese, ein großer Nepot. Eine Zeit großer Aufstände auch. Kurz vor dem großen Aufstand war der hier, die Rebellion des Landproletariates, das nichts mehr zu fressen hatte und aufstand gegen den spanisch-bürokratischen Filz, ein Aufstand, der blutig niedergeschlagen wurde.

Und er wollte nur noch nach Rom zurück, in sein Biotop, eine Metropole, keine übervölkerte Großstadt, das Zentrum der Künste, ohne Probleme, die ihn persönlich belästigt hätten, berühmt wie er war. Er wartete bloß auf die Begnadigung durch den Papst, auf die Gunst wartete er, ein Günstling noch immer, ein Strichbub, gealtert, entstellt, abhängig von Auftraggebern, Kardinälen, Großmeistern, wechselnden Päpsten, denen er huldigte, noch das letzte Bild ist als Huldigung gemeint. Für sich gemalt, ohne Absicht und Auftrag, hat er nur dieses Kind, den Amor im Todesschlaf, das vorzeitig gestorbene Söhnchen, eine späte Antwort auf den da, der noch immer für ihn wirbt. In Rom, da würde er alle Kirchen ausmalen, wenn der Papst ihn begnadigte – die Kreuzigung, die Auferstehung, den ganzen Zyklus der Passion; nichts anderes wollte er, die ganze Passion, samt Auferstehung.

Es gibt keine Auferstehung.

Das letzte Bild ist eine fast perverse Devotion.

Wohin gehe ich eigentlich – eine jämmerliche Figur, allein auf einer zu breiten Straße?

Der Bub steht schon Spalier, an der lärmigen Ausfallstraße gegen die lange Betonmauer gelehnt, überlebensgroß, vervielfältigt wie ins Unendliche, im Qualm, im Rauch, im Dunst. Die fleischige Brustwarze leuchtet vervielfältigt, die Falten im Speck, der Schlitz des Bauchnabels – ich kann den Vesuv nicht mehr sehen, im Qualm aus den Industriekaminen hinter der Mauer, ein notwendiger topographischer Fixpunkt, als Wegweiser.

Die Straße führt bloß in den Dunst.

Ich bin der einzige Fußgänger, der letzte, während das Bürschchen mich von oben herab angrinst, vervielfältigt und lockend.

Knabenfleisch zum Anbeißen, Hineinkneifen, empfindlich, erregbar, nichts als erektiles Gewebe bis ins Unendliche ... gehen macht mich geil, seit jeher, als Bub schon, ein andauernd weggeräumtes Bürschchen, dem es sogar im Gehen ständig kam, plötzlich, immer wieder, je schneller ich ging, rein mechanisch, wegen des

Reibungswiderstandes, in der glühenden Hitze vom Asphalt, vom Beton, von der Hitzestrahlung, von der Seite, von unten.

Jämmerlich ... nichts als geil, immer wieder.

Geilheit ist doch ein Lebenstrieb, der letzte.

Gnade ... ein religiöser Begriff, ein religiöser Maler vor allem, wie hätte er anders berühmt werden können in dieser religiösen Zeit, so ist es folgerichtig, nüchtern betrachtet, dass er sich der Gnade unterwarf, die vom Papst ausging.

Keine Rede von Rebellion, es hing alles vom Papst ab, auch so ein Borghese inzwischen, mit Kapitalverwaltung, buchhalterisch, vernünftig, ohne Lust auf sinnlose Enthauptungen. Er hätte nach Deutschland flüchten können, in die abgefallenen Gebiete, wo er auch längst berühmt war – aber dort war es kalt, muffig, kein Bedarf an erektilem Gewebe in den Kirchen.

Geilheit. Gnade. Unterwerfung, Hingabe, Devotion.

Nüchtern bin ich längst nicht mehr – vom Gehen erregt.

Verwirrt.

Es ist falsch. Die Richtung ist falsch, Industriegebiet ist das, die falsche Seite der Bucht, ich will nicht ins Industriegebiet. Dort ist kein Capodimonte, keine Ausstellung, keine Kunst – dort stinkt es und ist gefährlich und unschön.

Eine verlassene Tankstelle, ein streunender Hund, zum Totschlagen, der Verkehr, der vorüberdampft, auf mehreren Fahrspuren, dicht, Blech an Blech, hinaus aus der Dunstglocke der Stadt, ans Meer.

Der Bub, zum Wegreißen, Aufreißen und Abschleppen, lockt nicht aus der Stadt hinaus, ans Meer, in eine verschwiegene Bucht, auf eine diskrete Yacht, eine einsame Insel, in eine leerstehende Fabrikhalle voller Buben, einen schattigen Winkel des Fabrikhofes, eine Fabriktoilette, einen Schuppen, zwischen Lagerhäusern und toten

Geleisen, in einen abgestellten Eisenbahnwagen, auf die federnde Pritsche eines geparkten Fernlasters – im Gegenteil, er lockt von außen nach innen, landwärts, in den Smog, ins Geschrei, in die Stadt.

Der Bub lacht mich aus – vielfach.

Die einzige potentielle Auskunftsperson, die mir aus dem Dunst entgegenkam, klein, unförmig, alterslos auf Distanz, männlichen Geschlechts, Brillenträger, der kurzsichtige Typ, trug einen schwarzen Trauerknopf am Revers des verblichenen Anzugs. Auf meine Frage, in notdürftigem Italienisch gestellt, eine unter den gegebenen geographischen Umständen blödsinnige Frage, eine Falle oder Zeugnis vollkommener Ignoranz, reagierte die Person mit einem kurzsichtigen Blick und ging weiter, schräg, in einer schleichenden, schlurfenden Gangart, ohne mich aus den Augen zu lassen, mit diesem ängstlichen Blick von unten her, ein armer Hund, dachte ich, der hat Angst vor mir.

Dann blieb die Person stehen, halb abgewandt, und antwortete mir in fehlerfreiem Französisch, aber mit stark italienischem Akzent.

Schlau, dachte ich, gar kein schlechter Trick. Die Person war etwa so alt wie ich, zwischen dreißig und vierzig, eher vorsichtig als ängstlich, etwas aufgeschwemmt, leicht verwachsen, blass, offensichtlich in Trauer.

Nichts als eine Auskunftsperson.

Während mir die Person den Weg erklärte – unterwürfig fast, so genau das im Verkehrslärm und auf vorsichtiger Distanz möglich war – in die entgegengesetzte Richtung und sehr weit, zu Fuß, bei dem Busstreik – sprach der Blick der Person, durch die Brillengläser, von anderem und eine andere Sprache: Komm bitte nicht näher, lass mich in Frieden, tu mir nichts, ich möchte dir ja nicht misstrauen müssen, aber leider muss ich dir misstrauen – doch es lag mehr in dem Blick, eine Frage, eine Art Verwunderung, vielleicht darüber, wie eine andere unbestimmte Person sich derart jämmerlich verirren kann, etwas Neugier auch, für diese verirrte Person, die so weit geht, nur wegen Bildern – Ungläubigkeit, Trauer und ein wenig Erbarmen.

Wir gingen in die gleiche Richtung, doch ich ging schneller, um alles Misstrauen zu zerstreuen.

Nichts anderes blieb ihm übrig – nur Kunst noch, Bilder, Farben und Leinwand, vergoldeter Gips, Handwerk, Staub in den Händen, Stoff, Material, keine Haut.

Ein giftiger Geruch. Organischer Gestank. Die Stadt kam mir bald wieder entgegen, das Leben, Manufaktur, Straßenhandel, Markt, Kleingewerbe; da, denke ich, während ich in dieses Leben hineingehe, natürlich stößt man da eher auf Kunst.

Schlägereien im Übrigen. Raufhändel in den Hafenspelunken. Schwerverletzt, das Gesicht bis zur Unkenntlichkeit entstellt, heißt es – rachsüchtige Ritter, die ihm nachstellen.

Sinnlose Schlägereien und Kunst.

Altarbilder, rasch gemalt, mit breiten Pinselstrichen, dünnem Farbauftrag, glanzlos, großformatig, immer größer und leerer, blutschimmernd, Enthauptungen, Kreuzigungen, Grablegungen, Nachtszenen, Tod – hingepinselt und schon das nächste in Auftrag, als müsste diese Passion, bei der wütenden Hingabe, ein Ende finden, von selber.

Die Auferstehung wäre der Inbegriff christlicher Gnade.

Nein, der glaubte selber nicht mehr daran – an die große Zeit glaubte der nicht, der hat einfach über diese sogenannte große

Zeit hinweggepinselt, die Finsternis über das Blut gepinselt, als könne er es zupinseln – krank, zerstört, verwirrt.

Noch seine letzten Knaben, hingepinselt über den blutigen Grund, im Leeren, brüchig schon, spröde, wie Trugbilder von Knaben, Schatten von Knaben, sind grausam geil.

Buben überall. Buben auf diesen Vespas, die sich aufbäumen wie störrische Rösser, wenn sie den Mädchen nachjagen. Buben, die vor den Trattorias auf Gäste warten, kräftige Söhne, junge Männer schon. Buben bieten an Verkaufstischen Uhren an, als wären hier Uhren noch wichtig. Die Buben kollern mir zwischen die Füße, mit ihren viel zu großen Fußbällen, die Buben fliegen mir entgegen, purzeln an mir vorbei, donnern ihre Fußbälle gegen Garagentore und Wellblechrollläden, böse und zornig, als wollten sie alle Türen und Tore der Welt sprengen.

Kein Tor geht zu Bruch.

Die Knabenhölle – ich achte nur noch auf die Wegmarken.

Es sind doch Kopfbilder von Knaben; verblasst in der Erinnerung, mit abgegriffener Haut, immer wieder befingert im Kopf, unberührbar geworden, grausam sinnlich in wenigen Einzelheiten, die das Gedächtnis nicht wegräumen kann. Die Haltung des späten Johannes verlockt noch immer zur Verführung, die roten, feuchten Lippen verführen zum Kuss, aber wie durch eine staubige Glasscheibe hindurch.

Es könnte ein Spiegel sein, ein erblindender, schon trüber, innerer Spiegel.

Giovane, dov'è il museo?

Ich weiß es doch selber nicht, der Schweiß läuft mir in Bächen den Körper hinunter; alles ist grell, verschwommen; Parkanlagen hinter schmiedeeisernen Gittern, zu beiden Seiten dieser blödsinnig breiten Passstraße auf den Berggipfel, unbestimmte Gebäude zwischen Gebüsch versteckt, ein paar ockerbraune alte Steinhäuser am Ende der Straße, die wieder den Berg hinunterführt, nirgends ein Wegweiser; kein Museum, kein Plakat mehr – der ganze Weg umsonst. Die Ausstellung ist nicht auf Capodimonte, der Bub grinste doch aus dem Hinterhof des Palazzo Reale im Zentrum der Stadt, auch der Palazzo Reale ist ein Museum, der Amor, alle Bilder sind im Palazzo Reale, ich muss in den Palazzo Reale zurück – auf das Kleingedruckte, diese Goldschrift mit allen Informationen, habe ich gar nicht geachtet, nur auf den Bub ...

Und der grinst nicht. Der lächelt nicht einmal, der fragt bloß, mich hat er nach dem Museum gefragt.

Achselzucken.

Er will es herausfinden, sagt der Bub – ein schwarzer Blick, wirres Haar über der Stirn, Sommersprossen auf der Haut, ein goldenes Kettchen glitzert im Ausschnitt des nachtschwarzen Hemdes, Flaum über den Lippen, die rot sind, feucht, halb offen. Ein Anführer. Seine beiden Leibwächter, größer als er, aber jünger, zwei große, helle Kinder, die nur stumm lächeln zu allem, was der Bub sagt, stellt er neben mir ab, sie sollen hier warten.

Er wolle den Offizier fragen, sagt der Bub; da steht plötzlich ein Verkehrspolizist mitten auf der Kreuzung, der den Verkehr tatsächlich regelt.

Ich verstehe, was der Bub sagt, obwohl ich seine Sprache eigentlich nicht verstehe, ein deutliches Italienisch, kein Dialekt, mit höflichen Wörtern: junger Mann nennt er mich, Offizier den simplen Verkehrspolizisten.

Ein geschäftiger Bub; er läuft dahin und dorthin, während ich erschöpft zwischen seinen beiden lächelnden Kindern stehenbleibe, schon ausgeliefert, vertrauensvoll, gottergeben, wie diese Kinder.

Dann winkt er und wartet, dass wir ihm folgen.

Wir, ja, auch ich soll ihm einfach nachlaufen, sagt der Bub, während er den beiden Kindern die nackten Arme um die Schultern legt, die Hemdsärmel hochgekrempelt, und mir einen Blick zuwirft, schräg über die Schulter: ob ich auch folge, gehorsam.

Schwarz ohne Pupillen, ohne ein Lächeln, mit halboffenen Lippen, rot, feucht.

Ich kann nicht hineinsehen – eindringen in diese Augen ohne Pupillen.

Die Sonnenflecken möchte ich aus diesem gebräunten Nacken weglecken.

Dort ist das Museum, sagt der Bub höflich, dort, mit einer kleinen Handbewegung hinter dem ausrasierten, hellen Nacken seines Begleiters, einer Bewegung nur mit den Fingern.

Doch mit diesen Augenblitzen, über die Schulter hinweg, sagt der Bub etwas anderes. Da, sagt der Blick, direkt in meine Pupillen hinein, begleitet von einer fast zufälligen Kopfbewegung in die entgegengesetzte Richtung – während er seine Kinder schon mit sich fortzieht.

Da ist der Park.

Ein weitläufiger Park, mit verwilderten Winkeln, alte Bäume, Gebüsch, zwischen dem die Wege sich verlieren. Eine unbestimmbare Dunkelheit. Der Bub ist klein, knabenhaft mager, der Mann ist vergleichsweise ein Riese, und der ist erledigt. Der Bub hat ihn weggeräumt, aber es freut ihn nicht. Angewidert und traurig, kein Sieger. Geschieht dem Mann recht. Gerechtigkeit bloß, doch der Bub sieht, was er angerichtet hat, und ist traurig. Der Mund ist noch spitz, wie der Mund all dieser Buben, aber er blickt zu keinem Unsichtbaren auf, er muss nichts mehr durchschauen. Er blickt abwärts, schräg, auf diesen Abgrund.

Müll. Müll in den Winkeln, Gebüschnischen, rund um die steinernen Sitzbänke – bunter Plastikmüll, Hundekot. Es ist unerträglich heiß. Man möchte in die Knie gehen, unter dem Gewicht dieser Mittagshitze, im Schatten einer Gebüschnische, es wäre gut, gegen die Hitze. Die Brustwarze ist schon steif vor Erregung. Dieses ausgestellte braune Hautknötchen möchte ich ablecken, mein verzerrtes Gesicht verbergen, in der vagen Dunkelheit dieser Armbeuge, mit der Zungenspitze möchte ich die empfindlichen Stellen der Achselhöhle reizen, dass ihm der Reiz über alle Nervenbahnen in die Lende fährt.

Auf den Knien möchte ich dem Bub dienen.

Dort riecht es doch gut, ich erinnere mich wieder, so metallisch – wie die Schwertklinge über dem offenen Hosenschlitz, eine unwirkliche Schwertklinge, mit einer kaum lesbaren Inschrift darauf.

MACO. Michel Angelo Caravaggio Opus – vermutlich.

Farbe, Leinwand, vergoldeter Gips.

Ich könnte mir den Kopf abschlagen, den Schwanz.

Nur die Angst ist übriggeblieben, eine durchaus begründete Vorsicht.

Eine Pietà auf dem Mäuerchen, hoch über der berühmten Bucht, dem Meer, fern im Dunst, flimmernd vor Hitze: der Junge wäre die Mutter, sein Mädchen im Schoß wäre der Sohn – das Motorrad daneben, gegen die Mauer gelehnt.

Der Geruch dort, im Schoß, betäubt jeden Schmerz.

Die Gnade – ein magerer, spröder, sinnlicher Bub.

Nein, erklären kann man es nicht. Natürlich fragten die Schulkinder, wie alle Schulkinder fragen, was ein Bild darstellt: La Maddalena, sagt der noch junge Lehrer. Die Maria Magdalena kennen sie, als katholische Schulkinder, aber was heißt in Ecstasi?

E contenta, sagt der Lehrer, selber nicht ganz zufrieden. Sie weint doch, diese Maddalena, auch die Schulkinder sehen die Tränen. E stanca, aber das verfängt überhaupt nicht, dass man aus Müdigkeit weinen kann, wollen die Kinder nicht glauben, sie ist halt traurig, è triste, das sehen wir alle, aber dann kann man nicht behaupten, sie sei zufrieden. Si abandona – müde dieser Fragerei, mit einem Augenzwinkern zu mir, schmeißt er seinen Kindern dieses Wort hin, im Weitergehen schon, abschließend, ein guter Lehrer, jetzt haben seine Kinder ein schönes italienisches Wort gelernt, kein Fremdwort, schier unübersetzbar, und kein Kind traut sich jetzt noch zu fragen.

Vielleicht können sie es sich sogar denken, was das heißt. Wie ein Kind wollte er sich hingeben – ein Bild vollkommener Hingabe, Schwäche, Erschöpfung, das erste Bild, das er nach seiner Flucht gemalt hat, nach dem Totschlag, nach seinem Verbrechen – der Erlösung wollte er sich hingeben, der Absolution, der Gnade. Ja – einen Mord hat er begangen, ein Kapitalverbrechen, flüchten musste er, als Verfolgter umherirren bis nach Sizilien, nach Malta, von Insel zu Insel, bis zum südlichsten Zipfel Europas, ruhelos wie Kain, mit diesem roten Wundmal auf der Stirn, dann hat der Papst ihn begnadigt. Doch die Gnade kam zu spät. Auf dem Heimweg ist er verreckt. Nicht einmal sein Grab gibt es. Die Versuchung, einen Augenblick lang, vor diesem Bild vollkommener Hingabe, diesen neugierigen Schulkindern die ganze Geschichte zu erzählen, alles, was ich weiß, eine spannende Geschichte mit Totschlag und Mord, von irdischer Gnade und himmlischer Gerechtigkeit – Kinder mögen solche Geschichten, moralische Geschichten, grausame, schöne Geschichten.

Doch ich bin schließlich kein Lehrer und ihrer Sprache nicht mächtig.

Sogar in meiner eigenen Sprache fehlt mir ein schönes Wort für si abandona.

Nur loslassen fällt mir ein, in dieser Hitze umherirrend, sich verlassen, wörtlich, sich gehenlassen, sich hingeben, sich wegschmeißen, auf den Knien im Dreck, demütig, diese Knabenfaust im Haar, die schon zerrt, dass es weh tut, den Samen empfangen, betäubt vom Geruch, den Kopf hinhalten, den Schlag hinnehmen, den Schlag ins Genick.

Wörter, nur Wörter.

Reglos, von fern, im hüfthohen Gras des Parkes, das auch die Vespa halbwegs verbirgt, hält der Mann mit nacktem Oberkörper seine Donna im weiten Kleid von hinten umklammert, im Stehen, eine Doppelstatue, reglos von fern.

Auch die Hunde, umherstreunende Köter, räudige Bastarde, bespringen einander, in der Hitze des Mittags, zwischen dem Müll; verzweifelt – mit diesem starren Blick in die Leere, dem panischen Hinterteil.

Und er grinst; überlebensgroß aufgeklebt auf ein Holzgerüst neben dem Museum, lacht er mich aus.

Natürlich ist das Museum nur ein topographischer Punkt im Park, eine architektonische Wegmarke, die Wegmarke der Buben, ein Codewort diese Frage nach dem Museum, ein Vorwand, giovane eine Freundlichkeit, Schmeichelei ... und ich bin dieser Attrappe nachgelaufen, diesem hölzernen Arsch, nichts als ein Gerüst aus Balken und Brettern, von hinten.

Dort ist das Museum, ja, danke – und da sind sie nicht mehr, am Mittag.

Ich mochte es gar nicht ansehen, das Original – dieses Prunkstück, zentral aufgehängt, als Blickfang, aber im Schatten der

Storen, damit das Stück, frisch restauriert, keinen Sonnenbrand kriegt, dieses Prachtexemplar, dieser Präsentierknabe mit diesem werbewirksamen Grinsen.

Unzerstörbar vervielfältigt.

Der letzte spröde, grausame David ist schon zerstört.

Ein Bild, das diskret abseits hängt, die Fachleute mögen es nicht, weil es zerstört ist, nicht mehr zu restaurieren, als Bild.

Eine Huldigung, eine Devotion, ein gemaltes Gnadengesuch? Damit hätte er diesen Borghese-Papst bloß erschreckt ...

Nein, er glaubte selber nicht mehr daran, sonst wäre er in Rom an Land gegangen, nicht in Port' Ercole, einer spanischen Bastion, aus Vorsicht, misstrauisch.

Dort wurde er festgenommen und eingesperrt – aus Versehen, eine Verwechslung, die sich rasch klärte; ein Fehler der Beamten, die nicht begriffen, wer da auf dem Heimweg war und dass sie nichts sind im Vergleich, Bürokraten, uniformierte Personen, Schwemmsand, der das Gehen schwermacht, angespült an irgendeinen Strand.

Sein Schiff war weg, mit dem Bild für den Papst, mit allen Bildern, dem Rest, der ihm geblieben war.

In der Hitze umherirren. Das Meer fern im Dunst. Rauch über der Bucht, rußschwarzer Rauch, von einem großen Schiff, unsichtbar.

Nichts – nirgends.

Kein bestimmbarer Raum mehr, nur Finsternis noch, ohne Boden, eine dampfende Finsternis, und aus dieser Finsternis, aus dem Nichts, aus einem Traum, kommt der Bub, der er selber war, der Strichbub, der seine Früchte anbietet, alles, was er zu bieten hat, die Brustwarze, die Achselhöhle, den offenen Schlitz, seine Haut – verbraucht schon, der Bub. Der Dunst der Nacht, irgendein Rauch, hat sein Haar ausgebleicht, vorzeitig schütter gemacht. Seinen rechten Arm, den Arm der Gerechtigkeit, diesen unerbittlichen, gnadenlosen Arm hat die Finsternis verschluckt. Kein Glanz auf der Haut, das Hautknötchen ist nicht fleischig, sondern spröde, aber empfindlich auf Hitze und Kälte, für Angst und Erregung, zusammengeschrumpft und spitz, schon wie fröstelnd, man müsste es ablecken, mit aller Hingabe der Zungenspitze, bis plötzlich ein Schauer durch den mageren Bub geht, der Kummer über den Brauen sich glättet, der sperrige Mund sich öffnet und ein Ton über die Lippen kommt, ein Seufzer der Verwunderung, ein wunderbarer Seufzer.

Ein Kindergesicht, das zu früh erwachsen geworden ist, der Kummer über den Brauen ist schon Erbarmen, sinnloses Erbarmen: Erbitterung. Die Faust trägt nicht schwer, sie packt nicht mehr zu, sie tut nicht mehr weh, sie hält es bloß fest – und sie zeigt es her, dampfend noch –, eine grobe, harte, ungewaschene Knabenhand, die sich zur Faust ballt – und das abgeschlagene Haupt hinausstößt aus dem Traum, aus dem Dunkel, der Traum platzt.

Schau hin ...

Nur mit dem linken Auge, das noch lebt, sieht das entstellte Gesicht den Abgrund, den Verlust.

Der Körper spürt den Schmerz, diese Hitze, die Glut, die durch die Glieder fährt, knapp unter der Oberfläche der Haut, heiß kalt, im Fieber, im Frost – die Beine tragen nicht mehr. Der Kopf spürt nichts, sieht nur, dass der Leib zusammenbricht, ihm nicht mehr gehört, weggeräumt schon. Das Auge kippt. Alles verschwimmt in den Hitzewellen des Lichts, nur eine blaue, vibrierende Fläche, wie hinter ungeschliffenem Glas.

Das Meer.

Plötzlich das Schiff. Das Schiff mit den Bildern. Das Schiff gleitet weg aus dem Dunst, unendlich langsam auf den Horizont zu, aber nie mehr zu erreichen, über das Wasser gehen kann kein Mensch. Kein Wunder. Der Horizont zwischen Himmel und Meer ist eine Grenze, da helfen alle neumodischen Weltbilder nichts, in diesem Augenblick ist die Erde flach, eine Scheibe. Hinter dem Rand liegt seit alters das Chaos – der Nachtraum, der sich ausdehnt – die Finsternis – und dorthin entfernt sich das Schiff und kippt mit allen Bildern über den Rand, in die Leere.

Da ist nichts.

Nur der Kopf ist geblieben. Ein im Entsetzen geöffneter Mund, der keine Luft mehr bekommt, um zu schreien.

Anhang

IM FREIGEHEGE

Vor meinen offenen Fenstern: eine Brandmauer aus tausend windschiefen Backsteinchen – tief unten der Kinderspielplatz, eingehagt; fremdländisch sirren die Kinderstimmen mit den Schwalben im orangenen Himmel, an den langen Abenden, wenn die Sonne zwischen den verschnörkelten Fassaden, den Wohnblocks, über einer fernen Strasse verglüht.

Nachts, am Fuße der schwarzen Wand, die Lichtsignale der Zigaretten, Cannabis-Dunst vom Kinderspielplatz her; flüchtige Schatten im Halbdunkel. Ein türkischer Mond, über den Silhouetten der Schornsteine, der Fernsehantennen. Aus den Kneipen, an jeder Strassenecke, dringt gedämpft der Lärm rastloser, gieriger Kommunikation ...

Panik: unter meinen Fenstern, vor meiner Haustür, parkt ein gepanzerter, vergitterter Mannschaftswagen – einer nach dem anderen, die »Wannen«, mindestens ein halbes Dutzend Wannen vor meiner Haustür, samt Feldküche. Artig stehen die Polizisten in ihren Kampfanzügen Schlange vor dem weißen Häuschen und warten auf ihre Würstchen – recht junge »Bullen«, fast noch Kinder, zu gut trainiert.

Weit weg Alarmsirenen, Megaphone, doch es geschieht nichts; die Polizisten lungern herum, essen, spielen Karten. Noch nirgends habe ich so viele Polizisten in Kampfbereitschaft gesehen wie hier ... Belagerungszustand – ich kann nicht mehr raus.

Erste Ausgänge, in den Zoo, weil mir nichts Besseres einfiel. Flucht, vor Politik und Geschichte, zu den Tieren. Käfige, Schaukästen, Freigehege – viel Exotisches darin, manchmal pervers: das Miniaturschwein, platzsparend, eigens gezüchtet für Tierversuche ...
Voyeurismus im Nachttierhaus, Tag und Nacht sind verkehrt; die Raritäten blicken mich traurig an: vom Aussterben bedroht; eine Oase, ein künstliches Paradies, eine Arche Noah unter dem kreisenden Mercedesstern am Himmel, dem sichersten Wegweiser, wenn sich die Himmelsrichtungen wieder einmal verwirren ...

Naturreservate, am äußersten westlichen Rand: verwinkelte Gewässer, Landzungen, Wald. Die Pfaueninsel – erfüllt von dem kläglichen Schrei, im späten, schon trüben Licht; das weiße Schlösschen als theatralische Kulisse; ein Tümpel, verborgen zwischen Gebüsch, überwuchert von hellgrünen Algen. Die Pfauen schlagen Rad, mit klirrenden Federn, auf einer Waldwiese: erstarrt voreinander.
Jenseits, am Ufer, gut sichtbar: die Grenze.

Die ganze Stadt ist ein Zoo, eingezäunt; die Kneipen sind Käfige, schön gesondert die Arten, die Nacht wird zum Tag. Ich bin selber ein exotischer Gast hier, Äthiopier manchmal, Nordafrikaner oft, ein Italiener zumindest, jedenfalls kein »richtiger« Schweizer, ein Türke meist: als Türke allerdings komme ich nicht so ohne weiteres in jeden Käfig hinein. Geschlossene Gesellschaft, tut uns leid ... obwohl ich genau weiß, dass es nicht stimmt: eine öffentliche Diskothek, der Rausschmeißer an der Tür ist knapp zwanzig.

Ich verdränge den semitischen Ursprung meines südländischen Aussehens.

Man wird hier rasch bestimmt – eingeteilt, abgeschätzt, als erwünschter oder als unerwünschter Kunde: Unversehens wird man als Stammgast adoptiert.

Der Barmann blättert vor meinen Augen mit fiebrigen Fingern im Katalog eines amerikanischen Versandhauses, zollfreie Ware, eigentlich reserviert für die Amis, die Schutzmächte; er vergisst seine Gäste an der Theke und kreuzt sich lauter Computer an, grosse, kleine.

Was willst du denn mit einem Computer?

Haben, haben – mit raschen Armbewegungen, nach allen Seiten, als wolle er auch all seine Gäste haben, alle auf einmal.

Diese Stadt ist raffsüchtig, konsumgeil, ein Bordell; ein grosses Warenhaus, alles ist käuflich hier, im Kaufhaus des Westens, hinter dem goldenen Tor, als wäre es ein Tempel: voller Käse – kunstvoll ausgestellt, zum Bewundern.

Das Schaufenster des Westens.

Ich lebe in einer verbotenen Stadt; alles, was hier gilt und geschieht, ist rundum verboten. Ich wundere mich jedes Mal, wenn ich heimfahre, in die vertraut verfilzten Verhältnisse, dass ich nicht sofort aus dem Zug heraus verhaftet werde – der Zug rast so verdächtig durch die Nacht, als hätte auch er Angst. Lichtzeichen flackern vorbei, helle Fenster, flüchtige Einblicke, im stillen Ozean aus Wald; plötzlich, über der ruhigen Dunkelheit, eine Leuchtschrift: *VEB Gärungschemie ...*

Doch die kräftigen Bauernburschen in ihren plumpen Uniformen, das aufgeklappte Aktenköfferchen vor dem Bauch, sind erschreckend lieb – mit diesem offenen Blick, dem man standhalten muss, auf die Distanz zwischen Abteiltür und Fensterplatz: schamlos direkt; man wird glatt rot vor Verwirrung, das ganze Bordell im Kopf ...

Es ist doch nur Vorschrift.

Sonst nämlich blickt keiner so: eher nach innen, abgelöscht hier, von zu viel Blickkontakt.

Jedes Mal, wenn ich, auf der Flucht aus dem familiären Gestrüpp der verfilzten Verhältnisse, doch wieder zurückkehre, bei Tag: der eine Moment zwischen Westen und Osten, da ich nicht mehr sicher weiß, in der Landschaft aus Zäunen: Ist das nun noch ein privater Gartenhag oder schon ein staatlicher Grenzzaun?

Es ist keine Mauer, es ist eine Wand. Weder diesseits noch jenseits zu Hause, beneide ich mitunter die Vögel, um ihre Unschuld.

Krähenvögel vor allem, Elstern.

Ich bevorzuge den oberirdischen Übergang, eine bewusste Grenzüberschreitung, die Hindernisse sind sichtbar; ein Nadelöhr – zwischen Sperren, Blockaden, Barrieren. Einen Augenblick lang bin ich allein im Niemandsland, nichts als die Wand vor mir, im Blickfeld des Beobachtungspostens auf dem Turm; stumm bitte ich um Einlass; das schmale Gittertor surrt, aber es öffnet sich nicht, ich habe Berührungsängste beim ersten Mal, Angst vor einem elektrischen Schlag; das Tor surrt, surrt, einladend oder gefährlich ... und ich stehe im Regen, unter meinem widerspenstigen Knirps aus dem Kaufhaus des Westens.

»Kommen Sie mal rüber, Mann, wir beißen nicht!«

Hilflos – mit meinem leuchtend neutralen Pass, mit dem verdächtigen roten Stempel der verbotenen Stadt darin, mit meinem unverdächtigen Geburtsdatum, das mich jeder Verantwortung enthebt, mit meinem zweifelhaften Beruf, mit meinem Parteibüchlein in der Brieftasche eigentlich über allfällige Zweifel erhaben, im Bewusstsein aller Widersprüche und Unvereinbarkeiten, aller gegenseitigen Verbalinjurien und Machtdemonstrationen, aller sichtbaren und unsichtbaren Bedrohungen, unter Atom- und Raketenschirmen – hilflos, während mein widerspenstiger Knirps sich immer wieder öffnen will, im Labyrinth der engen Gitterkäfige, erkläre ich mich, bei mir selber, stillschweigend, aber in aller Form für *nicht zuständig*: und beschränke mich auf peinliche Korrektheit; höflich mache ich die Mauer jedes Mal hinter mir wieder zu, damit es nicht schletzt.

Kunst als Zufluchtsort? Ein Haufen Kunst hier – in den Museen zusammengetragen, zufällig geteilt, grenzüberschreitend immerhin, systemunabhängig wenigstens, denke ich. Ich flüchte zu den Engeln im Westen – goldgerahmt, geharnischt, süss, monströs, nichts als geflügelte Vorwände: bloß alltägliche junge Männer, mit Pfeilen, historischen Gewändern oder Flügeln drapiert ...

Caravaggios vulgärer kleiner Amor, Botticellis koketter Sebastian.

Wie kommt denn Babylon hierher – ausgerechnet in den ganz unbabylonischen Osten? Beeindruckend monumental wie das

Zentrum der Hauptstadt ... dann: diese ägyptische Mumifizierungssucht! ... aufgemalt auf die Sandalen der Toten die zertrampelten Feinde.

Man entkommt nicht ... im Bewusstsein des geschichtlichen Ortes ... unter dem Zeichen des preussischen Gespenstes, hoch zu Ross, im rötlich flammenden Abendhimmel: Schattengestalt unter den Linden. *Alles* ist *Zeichen* hier. Portalfiguren, denke ich beim Anblick des Ishtartores, der Prozession der Löwen, Portalfiguren blicken doch, normalerweise, nach *außen*, zur Begrüßung der Freunde, zur Abwehr der Feinde, zur Bannung des Bösen. Hier sind sie verdreht. Der Siegesengel auf der Säule blickt nach innen, dreht dem Kriegswagen der Siegesgöttin auf dem Brandenburger Tor, der auch nach innen gekehrt ist, seinen goldenen Rücken, der Alte Fritz reitet nach innen – nur die versunkenen, verwachsenen Feldherren in ihren Sträuchern blicken im Kreis, übers Gestrüpp hinweg, in die Runde.

Die Magie der Zeichen, der Aufstand der Zeichen: Michel Tourniers *Erlkönig*, meine Sommerlektüre, am Wannsee, im Sand des Nacktbadestrandes – eingezäunt, in einem Freigehege schon wieder.

Man entkommt nicht.

Alle Mauern, alle Schranken, alle Grenzen habe ich ständig im Kopf, dem Behältnis meiner Angst: voll von Bewusstseinsschrott, Kulturschrott, Geschichtstrümmern – unter der unsichtbaren Glasglocke aus historischem Smog, an meinem Schreibtisch, mit dem kleinen Radio darauf, meinem »Weltempfänger«: BBC international, der deutsche Service – auch das hat Tradition hier.

Nur das musikalische Signet haben sie inzwischen geändert.

Abschalten ... nach Einbruch der Nacht. Das ist leicht in meinem Kiez: über ein Dutzend Kneipen im Umkreis von knapp fünfhundert Metern, man kann von einer zur anderen flüchten, bis in den Morgen.

Kunstvoll arrangierte Innenräume, raffiniert, exterritorial, kalt, aseptisch, sehr beliebt zurzeit: das Licht bläulich, die Wände hellrosa, die Tischchen und die Aschenbecher weiß, die Stühle sind aus Glas. Hinter sommerlichen Lamellenstoren, die den Kunst-Raum unterteilen, sitzen die jungen Gäste vereinzelt auf hohen Hockern, modisch zurechtgemacht bis über die Ohren, reglos – Schaufensterpuppen.

»Querelle« heißt das Lokal – sehr dialektisch: verquer ...

Alles ist *Stil* – nichts ist ernst.

Ein Stall; düster, dumpf, Holzgeruch, Bierdunst, Rauch; Koppel, Sattel, Zaumzeug an den Stützbalken, die nichts stützen: Dekoration bloss.

Auch die Knaben von nebenan, die »Minis«, die hinter der Panzerstahltür des »Clubs« lauern, flitzen nur rasch in den Stall, grabschen sich Popcorn aus den Schüsseln und flüchten: Die Gäste dort, sagt einer der Knaben, die Gäste schmecken wie das Popcorn – salzig, herb.

Es knistert in seiner Faust, knirscht zwischen den Zähnen. Ein verwildertes Kind – geschichtslos, schamlos und angstfrei. Er redet mir alle meine Ängste aus, eine Angst nach der anderen, freundlich und klug, fast überzeugend. Rasch, über die Oberlippe hinweg, bläst er sich die Haare aus der Stirn ... Da, bei den Knaben, fürchte ich mich nicht mehr. Ein Aquarium, von außen, angeschrieben ein schöner Name. Das Licht ist angenehm gedämpft, nicht finster, keine Wartesaalbeleuchtung, überall Winkel, Nischen, bequeme Beobachtungsposten. Der Stil hier ist sachlich, kollegial; junge

Arbeitslose, neugierige Schüler, entlaufene Zöglinge, Lehrlinge ohne Zukunft, fahnenflüchtige Soldaten – friedlich verspielt an den flimmernden Automaten.

»Alive, alive, still alive«, brummen die Space Invaders mit Computerstimme unter dem Tischchen hervor, das auch ein Spielautomat ist. Einzig darum, denke ich, geht es doch ... aber auf möglichst freundliche Art, bitte, spielerisch eben.

Grün leuchtet im Hintergrund, unter dem Lichtzelt, der Billardtisch.

Sie haben auch mich allmählich gelehrt, mitzuspielen – geduldig, mit viel Nachsicht. Ein stilles Spiel, schöne, ruhige Bewegungen; stumm, sehr erwachsen, nachdenklich; Konzentration – Warten, Beobachten, den Stock in der Hand. Da gibt es, für eine Weile, nur noch diese farbigen Kugeln im Grün, die einander verfehlen, die aufeinandertreffen, abprallen, verschwinden – auf heimtückischen Bahnen.

Nachwort

I
ERZÄHLEN, OHNE ZU ERZÄHLEN

Einer steht vor einem Gemälde. Er redet, aus seinen Worten können wir die Situation erschließen. Er redet nicht zu uns. Zwar sagt er manchmal Du, aber damit bin nicht ich, der Leser, gemeint. Redet er mit den Figuren auf dem Bild? Oder mit dem Maler, der es malte? Oder redet er einfach mit sich selbst? Er dreht uns den Rücken zu. Wir sind nur Zaungäste.

Maler der deutschen Romantik, besonders Caspar David Friedrich, haben diese Situation gemalt, haben einen Betrachter ins Bild gesetzt, der betrachtet, was wir über dessen Rücken hinweg auch sehen. Wir glauben, einer Figur beim Sehen zusehen zu können, sehen Gesehenes, tauchen in eine Illusion ein, im Bewusstsein, dass es eine Illusion ist. In *Wenn der Mann im Mond erwacht* (2008) hat Christoph Geiser das berühmteste von Friedrichs Bildern, auf denen ein Alter Ego des Betrachters mitgemalt ist, *Der Mönch am Meer*, beschrieben,[1] genauer: das Betrachten dieses Gemäldes, über das schon Clemens Brentano und Heinrich von Kleist große, irritiert staunende Texte geschrieben haben.

Den Roman *Das geheime Fieber* durchzieht eine dichte Reihe von Bildbeschreibungen, in denen ein Betrachter mit im Bild ist. Es geht um Werke des großen italienischen Barockmalers Michelangelo

Merisi (1571-1610), nach dem in der Nähe von Bergamo gelegenen Herkunftsort seiner Eltern »da Caravaggio« genannt. In den Reden einer Ich-Figur, die wir belauschen, fällt der Name des Malers erst spät und beiläufig. Die Information, dass es um Caravaggio geht, ist in der Erstausgabe des Romans, die 1987 im Verlag Nagel und Kimche erschien, ausgelagert in den Klappentext und den Schutzumschlag, auf dem der Caravaggio bloß zugeschriebene *Narziß* (Rom, Galleria Nazionale di Arte Antica) reproduziert ist. Setzt der Romantext voraus, dass wir Lesenden wie der, der darin redet, Bildungsbürger sind und uns schon zurechtfinden?

Der Text geizt generell mit Namen. Der vollständige von Caravaggios wichtigstem Mäzen, dem Kardinal Francesco Maria Bourbon del Monte, der im Roman prominent auftritt, wird erst spät genannt. Das trägt zur Illusion bei, dass diese Rede nicht an uns adressiert ist, nicht dazu da ist, Leserinnen und Leser an die besprochenen Bilder heranzuführen – was auf eine umso eindringlichere Art dann doch passiert. Den gleichen Effekt haben die lückenhaften, manchmal erst nachgereichten oder ganz fehlenden Informationen darüber, wo eine neue Szene spielt. Die Dominanz des Präsens zeigt an, dass unter dem Ansturm der Eindrücke gesprochen wird; kein zeitlicher Abstand erlaubte, sie zu ordnen. Rosmarie Zeller hat daraus den einleuchtenden Schluss gezogen, dass der Begriff des Erzählens, der eine adressatenorientierte Aufbereitung des Stoffs impliziert, dem *Geheimen Fieber* und dem *Gefängnis der Wünsche* (1992), dem nachfolgenden Roman Geisers, nicht mehr angemessen sei; die beiden Romane »erzählen nicht, sondern sie ›reden‹«.[2] Geiser umspielt und erweitert diese Feststellung im Rosmarie Zeller gewidmeten Essay *Gerede wider Sinn & Anschauung oder: Vom Promeneur zum Parleur.* Darin wird aufgelistet, was der Schriftsteller in gegenwärtigen Zeiten nicht mehr sei, unter anderem (in Anspielung auf Thomas

Mann) »kein raunender Beschwörer des epischen Präteritums« oder (in Anspielung auf Rousseau) »kein Promeneur«. Er sei bloß noch ein »Parleur [...] ein Laferi schlicht, wie man auf Berndeutsch sagt«.[3] Das ist ein selbstironischer Kommentar zum eigenen Schreibstil (der sich seit dem Caravaggio-Roman vom traditionellen Erzählen noch weiter entfernt hat), aber auch ein Kommentar zum Relevanzverlust der Literatur. Für die Leserinnen und Leser des *Geheimen Fiebers* heißt das: Wir belauschen eine nicht für uns bestimmte Rede, indiskreterweise. Diese Rede gibt sehr Intimes preis, insbesondere homoerotische Phantasien, die von den Bildern ausgelöst werden und diese für den Betrachter so anziehend machen. Der Leser als Voyeur eines Voyeurs?

Die Diagnose, im *Geheimen Fieber* werde nicht erzählt, vielmehr einfach selbstversponnen geredet, trifft sich mit der Erfahrung, dass man beim Lesen des Romans zwischendurch die Orientierung verlieren kann. Immer wieder fragen wir uns: Wo befinden wir uns? Haben wir einen Szenenwechsel nicht registriert? Wird geschaute oder wird gemalte »Realität« beschrieben? An die Aufmerksamkeit der Lesenden und deren Kombinationsbereitschaft werden hohe Anforderungen gestellt.

Trotzdem enthält die Diagnose nur die halbe Wahrheit. Auch wenn dieses Reden den Gestus des adressatenorientierten Erzählens verleugnet, wird da auf eine moderne Art erzählt. Christoph Geiser hat die Methode nicht erfunden, wendet sie nur besonders konsequent an. Auf Wolfgang Koeppens Roman *Tod in Rom* von 1954 zu verweisen, bietet sich an, weil im *Geheimen Fieber* darauf angespielt wird, wenn die Ich-Figur in Rom am Tiber steht: »Das Badeschiff, vertäut unter der Engelsbrücke, fault, zerfällt; Ganymed mit dem grellroten Dreieck der Badehose, belegt noch in der deutschen Nachkriegsliteratur, ist tot; [...].« (S. 94) (Siegfried Pfaffenrath, avantgardistischer Komponist aus einer Familie mit fataler Nazivergangenheit trifft sich bei Koeppen auf dem Badeschiff mit jungen Prostituierten in roten Badehosen.) Koeppen reiht bereits Szenen frei aneinander, die teils von Siegfried Pfaffenrath in der Ich-Form, teils von einem anonymen Erzähler erzählt werden.

II
DREI EBENEN

Die dichte Folge der Bildbeschreibungen ist in zwei Zusammenhänge, zwei Erzählstränge doppelt eingebettet.

Der eine handelt vom Bildbetrachter, diesem redenden Ich, das den Werken Caravaggios nach einer Schlüsselbegegnung mit dem Knabenakt *Amor vincit omnia* in der Berliner Gemäldegalerie nach Rom und Neapel nachreist. Er ist ein Nachfahre der vielen Romreisenden, ein moderner »reisender Enthusiast«. So nannte E.T.A. Hoffmann die Figuren, die, als literarische Pendants zu den gemalten Betrachterinnen und Betrachtern in den Gemälden Caspar David Friedrichs, nicht bei einem Natur-, aber bei einem Kunsterlebnis beobachtet werden, etwa einer Aufführung von Mozarts *Don Giovanni* (*Don Juan* in den *Fantasiestücken*), oder der Entstehung einer Kirchenfreske (*Die Jesuiterkirche von G.* in den *Nachtstücken*). Auch Geisers Figur reist Kunstwerken nach, aber ebenso den Knaben und der Liebe. Die Stationen der Reise untergliedern den Roman in drei ungleich lange Teile. Von Berlin, wo der erste Teil des Romans spielt, bekommen wir nicht viel mehr als das Museum zu sehen, wo der *Amor* hängt, sehr viel mehr dann im zweiten Teil von Rom, wo sich die größte Konzentration an Caravaggio-Gemälden findet. In Neapel, im dritten Teil, begleiten wir die Ich-Figur auf Irrwegen in eine große Caravaggio-Ausstellung. Vor Caravaggios letztem Gemälde endet die Reise.

Der andere Erzählstrang handelt von der historischen Figur des Malers. Dessen Leben wird anhand von Schlüsselmomenten dargestellt: Tod eines großen Teils der Familie in einer Pestepidemie, Lehrlingsjahre im Atelier von Simone Peterzano, die Anfänge als selbständiger Künstler mit Jünglingsbildern und Früchtestillleben, Leben am Hof des Kardinals Del Monte, Händel in der Römer Unterwelt, Exil in Neapel, Malta und Sizilien, Tod auf der Rückreise nach Rom. Für sich genommen, ergibt der Caravaggio-Strang einen Künstlerroman mit seinen traditionellen Themen: Wahl des Künstlerberufs, Lehrmeister, Kampf ums Auskommen, Suche nach Motiven und einer ästhetischen Ausrichtung, Liebesleben, Musen. Als Basis dient das lückenhafte Wissen über das Leben des Malers, das auf Prozessakten basiert und auf frühen Lebensbildern wie dem sehr tendenziösen aus der Feder von Caravaggios Römer Malerkonkurrenten Giovanni Baglione (1566-1643).[4] Das einigermaßen gesicherte Wissen wird, wie in historischen Romanen üblich, durch erfundene Szenen angereichert. Indem Geisers Caravaggio-Roman sich aber auf eine lockere Folge von Szenen beschränkt, die nie den Charakter verleugnen, das Produkt von Projektionen zu sein, weist er den Anspruch von sich, das Vergangene verfügbar und durchschaubar zu machen. Diese Zurückhaltung auferlegten sich auch andere historische Romane gegen Ende des 20. Jahrhunderts, während davor und danach mit den Mary Lavater-Slomans und den Charles Lewinskys die skrupelloseren historischen Traumfabrikanten das Sagen haben.

Die Gemälde sind Brücke und Bindeglied zwischen der Welt der Ich-Figur und der Welt des Malers. Ihre Evokationen erlauben die kunstvollen Verzahnungen und Übergänge, die den Text so beweglich machen und ihn seine manchmal verwirrenden Haken schlagen lassen.

Zwar hat man den Eindruck, dass die Ich-Figur nicht nur den Blick auf Caravaggios Gemälde, sondern auch auf dessen Leben bestimmt. Doch während man erfährt, wie das Ich die Bilder aufsucht oder Reproduktionen anschaut, bleibt seine Beschäftigung mit der Person des Malers im Dunkeln. »Seine Biographie müsste man kennen«, sagt es sich bei der ersten Begegnung mit einem Caravaggio-Gemälde (S. 20) und legt den Lesenden einen Wunsch nahe, den ihnen die Lektüre des Buches dann erfüllen wird. Die Stimme, die von Caravaggio erzählt, scheint aus dem Off zu kommen und nicht der Ich-Figur zu gehören.

Die Präsenz der Bilder und ein dichtes Netz von Korrespondenzen synchronisieren die Gegenwart der Ich-Figur und die historische Welt des Malers. Die Zeit scheint aufgehoben. Dennoch wird der Roman nicht zum Tableau. Dafür ist die legendenumwitterte Malervita zu turbulent. Sie bringt Spannung in das Buch und bestimmt auch die Abfolge der Bildbeschreibungen, die abgesehen von wenigen Ausnahmen – vor allem dem Vorgriff auf den *Amor* ganz am Anfang des Buchs – der Chronologie der Entstehung der Gemälde folgt. Ein erster Spannungsbogen mündet am Ende des Rom-Teils in die Szene, in der Caravaggio einen Mord begeht, ein zweiter endet am Schluss des Neapel-Teils mit dem eigenen Tod des Malers. Für Abrundung sorgen mehrfache Rückwendungen auf den Anfang, die Wiederbegegnung mit dem Berliner *Amor* oder, in den letzten Sätzen, der Rückbezug auf die Leere, die der allererste Satz des Buches beschworen hatte.[5] Aus ihr scheinen die Figuren auf vielen Gemälden Caravaggios hervorzutreten. Der Roman macht es ihnen nach.

III
BILDBESCHREIBUNGEN

In *Das geheime Fieber* werden an die dreißig Gemälde Caravaggios beschrieben, manchmal eher beiläufig, oft aber sehr ausführlich. Die Bildbeschreibungen stellen so das Rückgrat des Buches dar. Dass die Evokation von Bildern durch Sprache eine Herausforderung darstellt, spiegelt sich in dem Umstand, dass die Rhetorik dafür einen Begriff bereithält: Ekphrasis. In der Antike wurde damit die beschreibende Funktion der Sprache generell bezeichnet, mit der ein Redner das optische Vorstellungsvermögen seiner Zuhörer stimuliert. Erst in der Neuzeit verengte sich die Begriffsbedeutung auf die Beschreibung von Werken der bildenden Kunst. Solche Beschreibungen hatten in einer Kultur, in der die Reproduktion von Texten technisch leichter und billiger zu bewerkstelligen war als die von Bildern, einen wichtigen Platz. Kunst- oder Reiseschriftsteller mussten die Werke, die sie kommentieren, rühmen oder schmähen wollten, vorerst sprachlich vergegenwärtigen. Neben den Reproduktionsbedürfnissen bildet der Wettstreit der Künste einen weiteren Hintergrund der Bemühungen um die Ekphrasis. Was leistet die Malerei, was leistet die Dichtung? Kann diese jene vielleicht sogar auf deren ureigenem Feld, der Vergegenwärtigung optischer Wahrnehmungen, einholen oder gar noch überbieten? Das schier Unmögliche zu versuchen, war den Schreibkünstlern immer neu ein Ansporn.

In einer Zeit, in der Bilder nun leicht in bestechender Qualität reproduziert werden können und die bildende Kunst das Interesse an der Erzeugung von Illusionen verloren hat, scheint die Ekphrasis ihre Funktion eingebüßt zu haben. *Das geheime Fieber* beweist aber, dass ein Buch mit Bildbeschreibungen nicht einfach eine überholte, altväterische Angelegenheit ist. Die Ekphrasis ist eine literarische Herausforderung geblieben und kann nach wie vor sprachschöpferische Energien freisetzen. Allerdings würde man sich vor den Tatsachen verschließen, wenn man davon ausginge, dass die in vierfarbigen Monographien und heute auch im Internet leicht verfügbaren Reproduktionen der Gemälde Caravaggios bei der Rezeption eines solchen Buches einfach inexistent wären. Unter den Leserinnen und Lesern, die sich in Geisers Roman vertieften, dürfte es nur wenige geben, die darauf verzichteten, sich solche Reproduktionen zu verschaffen und neben die Beschreibungen der Gemälde zu halten. (Es soll sogar solche geben, die der Ich-Figur zu den Bildern nachgereist sind). Stellen solche Seitenblicke einen Verrat am literarischen Kunstwerk, einen medialen Seitensprung dar? Der Blick auf die Reproduktionen verstärkt – das die Erfahrung des Nachwortschreibers – nicht nur die Faszination für Caravaggio, sondern auch für die Meisterschaft und den Variationsreichtum von Geisers literarischen Evokationen dieser Gemälde. Neben die Aufmerksamkeit für die Inhalte tritt eine Aufmerksamkeit für das Artistische. Diese Akzentverschiebung, die eine vertiefte Auseinandersetzung mit dem *Geheimen Fieber* zwangsläufig mit sich bringt, steht damit im Einklang, dass dieser Roman eine analoge Akzentverschiebung innerhalb von Christoph Geisers literarischem Schaffen markiert.

Es passt zum Gewicht der Bildbeschreibungen, dass der Roman mit einer solchen einsetzt. Sie übt die Lesenden auch gleich in eine sehr freie Beschreibungsmethodik ein, die sich nicht breitbeinig vor die Gemälde stellt, um sie systematisch und als Ganze durchzumustern wie ein Scanner. Im Gegensatz zu den Bildern sind deren Beschreibungen nicht gerahmt,[6] vom übrigen Text nicht klar geschieden. Der Anfang des Buches gibt erst nach und nach preis, dass er nicht einen behelmten Mann, sondern das Bild eines solchen beschreibt, das Gemälde *Der Mann mit dem Goldhelm* in der Berliner Gemäldegalerie, das früher als ein Werk Rembrandts galt. Indem die Ich-Figur ihr Missfallen an der Malerei Rembrandts ausdrückt, gewinnt sie erste Kontur. Erst im Rückblick stellt sich heraus, dass die Beschäftigung mit dem holländischen Meister nur ein kontrastives Vorspiel ist und der Rembrandt-Saal nur das Vorzimmer, in welchem die Ich-Figur darauf wartet, zu Caravaggio vorgelassen zu werden. Dieser hat mit Rembrandt immerhin die Gemeinsamkeit, dass auch er ein Meister des Barocks und des Hell-Dunkels ist. Beide verbindet zudem ihre enorme schulbildende Wirkung. Anders als bei Rembrandt führt aber die Lichtregie bei Caravaggio, der als erster Naturalist bezeichnet wurde, nicht zu einem Verfließen der Konturen, sondern lässt bestimmte Partien von Szenerien oder Körpern messerscharf hervortreten.

Die Ich-Figur scheint Caravaggio nicht gekannt zu haben, bevor sie auf das Gemälde *Amor vincit omnia* stieß, einen Jünglingsakt, den Accessoires wie Flügel, Pfeil und Bogen zur mythologischen Figur und damit salonfähig machen. Weil das Bild plötzlich aus der Sammlung verschwunden, ‚weggeräumt' ist (das Wort wird sich als ein Leitwort des Romans entpuppen), hat sein Bewunderer offenbar um eine Audienz beim Restaurator ersucht, der es in Arbeit genommen hat. Am Anfang der Vergegenwärtigung des Bildes steht ein Fachgespräch mit diesem Spezialisten. Es wird in einem leicht frotzelnden Ton geführt, mit dem sich Berufsleute gerne ihre Arbeitsgegenstände auf Distanz halten. Dem verlegenen Besucher hilft er, seine Betroffenheit zu verstecken. Für das Bild wird nicht das Pronomen »es«, sondern »er« (Amor) verwendet. Das ist alltägliche Redensart, legt aber eine Zweideutigkeit offen: man redet über ein Kunstwerk und gleichzeitig über den nackten Jungen, den es darstellt. Das zeigt sich gleich bei der ersten Frage, der »nach dem Preis – Gewohnheit schon, fast ein Reflex« (S. 16), mit der sich der Betrachter nicht als Kunstsammler outet, sondern als einer, der mit Prostituierten Umgang hat. So wird gleich eines der Themen des Buches eingeführt, die Käuflichkeit von Kunst, Körpern und Künstlern. Neidvoll nimmt der Besucher wahr, dass der Restaurator das Bild, den Jungen, auch berühren darf. Sind die Augen Körperorgane, oder müssen sie sich angesichts von schöner Kunst und von schönen Knaben mit dem Kopf, ihrem Sitz, vom Körper abspalten? Das ist eine weitere zentrale Frage des Buches, die hier eingeführt wird. Nach Versuchen, den Eindruck, den das Gemälde auslöst, auf Begriffe zu bringen – ›ironisch‹, ›geschmacklos‹, ›unmöglich‹ – beginnt eine ausführliche Beschreibung in traditioneller Art, die anfänglich das Bild als Bild und als Ganzes – abgebildete Figur, Accessoires, dargestellter Raum – zum Gegenstand hat. Doch dann vermischt sich der Bildraum mit dem Realraum des Labors:

> Sanft scheint sich der nackte Leib dem starken Licht hinzugeben, schon nachzugeben unter der Gewalt des Lichtes, lebensgroß zwischen diesen klinisch kahlen Wänden, entblößt vor dieser Fensterfront – mit Pflästerchen auf Brust, Bauch, Schenkel (Löcher, die unter dem Firnis verborgen waren), Narben, die zu jedem Bub gehören, verschrammt und ungewaschen, von der Straße weg, in einer dunklen Kammer, die zum Weltraum wird – nicht leer, unendlich, kalt – sondern ungeduldig, auf der erstbesten Unterlage. (S. 18f)

Die Abdeckungen schadhafter Stellen der Leinwand werden als Wundpflaster dem Bildsujet zugeschlagen, dem abgebildeten Jungen, der mit den Schrammen, die er sich beim Sport oder beim Raufen holte, als ein Junge der Gegenwart aus dem Bildraum herauszutreten scheint.

Die Erregung wird durch die fachmännischen Erläuterungen des Restaurators etwas abgekühlt – es geht dabei u.a. um ikonographische Traditionen und, als weitere Themen, die wichtig bleiben werden, um Caravaggios Modelle und um seine Homosexualität.

Dann nimmt der Betrachter die Amor-Figur nochmals in den Blick und löst ihn vollends aus dem Dekor des Gemäldes heraus: »Ein nackter Bub auf einer Holzbank, nichts sonst« (S. 21).

Das Intime der Begegnung wird durch die die Anrede »Bub« noch hervorgehoben, in der sich die schweizerdeutsche Muttersprache des »Knabensüchtigen« bemerkbar macht, in der ›Bueb‹ die allgemeine und neutrale Bezeichnung ist für ›Junge‹. »Der Kopf eines Halbwüchsigen, fünfzehn-, sechzehnjährig, dem ich die Haare aus der Stirne streichen möchte [...].« (S. 22) In der Vorstellung übertritt der Betrachter das Museumsgebot »Berühren verboten« und tastet in den Bildraum hinein. Keine Rede von einem »interesselosen Wohlgefallen«, wie Kant es in seiner *Kritik der Urteilskraft* für den Umgang mit ästhetischen Gegenständen voraussetzt. »Ins Bild steigen? Denn der Knabe steigt ja nicht heraus!« heißt es später in *Wenn der Mann im Mond erwacht*,[7] wo im Rückblick und aus einer deutlicheren ironischen Distanz – in Ansätzen ist diese im *Geheimen Fieber* schon angelegt – eine Schilderung der allerersten Begegnung mit dem Gemälde nachgereicht wird, als dieses noch in den Ausstellungsräumen hing.

Wenn dann im ersten Satz des Hauptteils des Romans, in dem die Ich-Figur auf den Spuren Caravaggios in Rom unterwegs ist, wieder von Händen die Rede ist, geht es nicht mehr um die des Betrachters, sondern um die der gemalten Figuren. Hände sind oft Fixpunkte der Bildkompositionen Caravaggios, in denen theatralische Gesten eine zentrale Rolle spielen. Wie die Manieristen erzeugt auch Caravaggio gerne die Illusion, Elemente des Dargestellten ragten aus dem Bildraum heraus in den Raum der Bildbetrachter. Im Gemälde *Abendmahl in Emmaus* (London, National Gallery, nicht zu verwechseln mit dem späteren Gemälde gleichen Titels in der Brera in Mailand), das am Anfang des Rom-Teils aufgerufen wird, ohne explizit genannt zu werden, passiert das mit einer Hand, die einer der Jünger aus dem Bild herauszustrecken scheint. »Durch die Leinwand hindurch stößt die Hand in eine andere Welt.« (S. 25) Neben diesem Detail nimmt die Bildbeschreibung vor allem das Stillleben auf dem gedeckten Tisch in den Blick, an dem die beiden Jünger eben erkennen, wen sie da zum Essen nach Hause geholt haben. Ein Früchtekorb, der an die frühesten Arbeiten Caravaggios erinnert, ist so weit an den Rand der Tafel geschoben, dass er jeden Moment aus dem Bild herauszufallen droht.

Die Evokation des Emmaus-Bildes, die am Anfang des Hauptteils des Romans einen prominenten Platz einnimmt, exponiert das Prinzip der Grenzüberschreitung. Caravaggios Werk wurde schon von den Zeitgenossen als eine solche verschrien. Geisers Buch macht sich das Prinzip in mehrfacher Hinsicht zu eigen. Einerseits durch die unverstellte Darstellung eines sexuellen Begehrens, das sich auf Knaben richtet, die gerade noch keine Männer sind. Andererseits durch die Freiheiten, die sich der Text nimmt, wenn er sich zwischen der Welt des Ichs, der Welt der Bilder und der Welt des Malers hin- und herbewegt und Kunst und Realität, Gegenwart und Vergangenheit vermischt. Somit ist die Bildbeschreibung hier ein Vehikel für eine autopoetologische Aussage. Erst anlässlich eines astronomischen Gesprächs im Hause des Kardinals, in dem die vorkopernikanische Vorstellung der Welt als Scheibe besprochen wird, stellt sich im späteren Verlauf des Romans heraus, dass dieses Kippen des Früchtekorbs aus dem Bildraum auch eine kosmologische

Dimension hat. Der Schluss des Romans wird nochmals darauf zurückkommen.

Die drei Gemälde für die Kirche San Luigi dei Francesi in Rom festigten Caravaggios künstlerisches Prestige. Ihre ausführliche Beschreibung, die über mehrere Anläufe erfolgt und von Seitenblicken auf andere Gemälde unterbrochen wird, stellt einen Höhepunkt des Romans dar. Die Altarbilder zeigen den heiligen Matthäus bei seiner Berufung durch Christus, als von einem Genius erleuchteten Evangelisten und schließlich bei seiner Ermordung. Dass der schreibende Matthäus auf dem eigentlichen Altarbild in der Mitte den Schriftsteller am wenigsten interessiert, hängt mit dem narrativeren Charakter der beiden flankierenden Gemälde zusammen. Gut ersichtlich sind die Bilder nur, wenn ein Passant, der von der Straße in die Dunkelheit der Kirche getreten ist, die Scheinwerfer mit einer Münze zum Leuchten bringt. Das verdeutlicht nicht nur – einmal mehr –, dass Kunst und Körper nicht umsonst zu haben sind, sondern auch die ausgeklügelte Lichtregie von Caravaggios Kompositionen. Was diese grell beleuchtet, namentlich den Mörder des Heiligen, ist auch erkennbar, wenn der Lichtapparat erloschen ist. Das anekdotische Detail aus der Welt des Betrachters erhält so eine analytische Funktion.

Besondere Beachtung zieht ein »Knäblein« auf sich, das im Tumult des Martyriums sich »nicht entschließen kann, aus der Bildmitte wegzulaufen, halb abgewandt, halb umgewandt, im Schrei erstarrt« (S. 84). Der Betrachter knüpft mit dieser Unterstellung an frühere Reflexionen an: »Bilder sind stumm; keine Antwort; nichts darf man erwarten – das macht mich selber stumm« (S. 16). Das Caravaggio-Erlebnis hat ihm die Zunge gelöst und immer wieder vernimmt er jetzt Schreie aus den Gemälden. Gotthold Ephraim Lessing machte den Schrei in seiner wirkungsmächtigen Abhandlung

Laokoon oder über die Grenzen der Mahlerey und Poesie zum Kernpunkt der Argumentation. Die spätantike Plastik dient ihm deshalb als zentrales Demonstrationsobjekt, weil sie einen Laokoon zeigt, der im Gegensatz zu seinem literarischen Vorbild in Homers *Ilias* die Schmerzen der Schlangenbisse zu erdulden wisse und nicht schreie. Der Augenblickscharakter von Schreien, so die Schlussfolgerung, vertrage sich nicht mit dem statischen Charakter von Werken der bildenden Kunst. Dieser Grenzziehung treten in Geisers Buch der Grenzüberschreitungen die Evokationen der Schreie – etwa diejenigen, mit denen Isaak sich gegen die Opferung wehrt (S. 28) – entgegen. Nicht zufällig endet das Buch eindrücklich mit einem Schrei, allerdings einem ausbleibenden.

Bewundernde Andacht und Lüsternheit gehen auch angesichts des Martyriums des Matthäus Hand in Hand. Die Ich-Figur erweist sich mit ihren speziellen Dispositionen als feiner Seismograph der Erschütterungen, denen Caravaggio die religiöse Kunst aussetzte. Die Beschreibung des halbnackten Mörders wird für den Schluss aufgespart. Caravaggio rückt die Figur in ein sinnlich warmes Licht, malt sie »rücksichtslos schön, mit hübschem Lockenkopf, die Nüstern bebend, mit wildem Mund und einer liebevoll gemalten, fleischig spitzen Brustwarze.« (S. 85) Wenn nicht eine Verherrlichung, so ist das jedenfalls eine verstörende Ästhetisierung der Gewalt.

Zuletzt nimmt der Betrachter am Martyrium die zwei Figuren in den Blick, die im Schutz anderer Figuren das Geschehen beobachten. Einer hat Caravaggio seine eigenen Gesichtszüge verliehen, der anderen die seines Assistenten Leonello Spada. (Aus dem einen Spada wird im späteren Verlauf des Romans ein Typus – junger, männlicher Draufgänger, der in den Straßen Roms Händel sucht.) Wenn erzählt wird, wie die beiden die Szenerie nach hinten verlassen, geht die Bildbeschreibung wieder in den Künstlerroman über.

Um sich von der Gewaltszene zu erholen, führt Spada Caravaggio in eine Badestube und lässt ihn beim Sex zusehen, den er mit einer Dirne hat. Was der Maler sieht, transformiert seine Imagination in ein Gemälde, in *Die Enthauptung Holophernes* (Rom, Galleria Nazionale di Arte Antica), das später dann auch noch beschrieben wird. In anderen Fällen wird auf eine solche Doppelung verzichtet: die Evokation des Bilds beschränkt sich auf die Schilderung dessen, was den Maler dazu inspiriert hat. Die Bildevokation bleibt so ganz Teil der Erzählung. Die Bordellszene hebt ein weiteres wichtiges Moment von Caravaggios Kunst hervor, das sich der Roman zu eigen gemacht hat: eine kunstvolle Blickführung. Die Szene wird nicht nur aus der Perspektive Caravaggios, sondern auch aus derjenigen der Frau dargestellt, die über den Rücken Spadas den zuschauenden Maler anschaut. Die gewohnte Blickrichtung vom Maler hin zum Modell wird damit umgekehrt. Das Sehen sehen – anders als bei den Rückenbildern von Caspar David Friedrich wird es hier frontal inszeniert. Dieses Spiel mit den Blickrichtungen lenkt die Aufmerksamkeit darauf, dass Caravaggio bestimmte Figuren den Betrachterinnen und Betrachtern direkt ins Auge blicken lässt, allen voran den Berliner Amor; der ungeniert direkte Blick trägt wesentlich zum provokativen Charakter des Bildes bei.

Etwas weniger gesucht wirkt die Inspirationsszene, die zur *Madonna der Pilger* (Rom, Sant'Agostino) erfunden wird. Das Gemälde ist nicht nur wegen der Darstellung der Hauptfigur, die »nicht irgendein Kunstgesicht« (S. 112) hat und bis heute wie eine Frau unserer Zeit wirkt, sondern auch wegen der vor ihr knienden Pilger berühmt, die mit schmutzigen Füssen und Kleidern ›naturalistisch‹ dargestellt sind. Die klatschsüchtigen frühen Biographen Caravaggios wussten zu berichten, dass eine gewisse Lena dafür Modell stand. Um sie entbrannte laut überlieferter Prozessakten, aus denen ein Satz in Italienisch zitiert wird (S. 116), ein Streit, der Caravaggio vor Gericht brachte. Die Darstellung der Begegnung mit Lena und die Beschreibung des Bildes, zu dem sie Modell stand, gehen fugenlos ineinander über. Auch Lena schaut dem Maler in die Augen. Sie kann in ihm nicht den »Bösewicht« sehen, als der er im Quartier gilt. Hat sich die finstere Seite des Malers in dessen großem schwarzen Hund abgespalten, den Geiser raffiniert als dritte Figur ins Spiel bringt – Caravaggios Schatten? (In den Bildern sind die schwarzen Schatten omnipräsent.) Caravaggio führt Lena das Kunststücklein vor, das er seinem Hund andressiert hat. Er bückt sich und das Tier springt über ihn, gewissermaßen die Umkehr der Redensart: über seinen Schatten springen. Springt Caravaggio mit Lena über den Schatten seiner Homosexualität? Sie zu malen, ist der intensivste Glücksmoment, der in dem Buch vorkommt. Es heißt von Caravaggio, dass er sich dabei wie von einer Wolke eingehüllt fühle, »vor dem fast fertigen Bild ihre Nähe spürte, ihre Körperwärme, ihren Duft roch, vermischt mit dem Geruch der Farben« (S. 112). Für einmal führen nicht die vermaledeiten Augen die Regie, die Nase registriert, wie sich der Geruch Lenas und der Farben, Leben und Kunst durchdringen. Für einmal tritt Wärme an die Stelle von Hitze und Kälte, die sich sonst abwechseln. Ins Gerede bringt Caravaggio nicht nur die Beziehung zu Lena, sondern eine weitere Mariendarstellung, die *Madonna dei Palfrenieri* (Rom, Galleria Borghese), an dem auch die Kirche Anstoß nimmt: »so ohne weiteres sollte man nicht wieder eine gleichberechtigte Muttergottheit installieren.« (S. 115) Im nackten Jesus, den auf diesem Bild die Mutter hält wie einen Jungen, der pinkeln muss (auf Caravaggios Bild zertritt er eine allegorische Schlange), glaubt der Romreisende den ‚zum Knäblein regredierten' Amor (ebd.) wiederzuerkennen.

Im dritten Teil wird das reiche Repertoire von Spielarten der Bildbeschreibung noch durch mindestens zwei erweitert. Ein Plakat mit einem züchtigen Ausschnitt des Berliner *Amors* wirbt in Neapel für die Caravaggio-Ausstellung. Er, in dem der Kunstreisende alle seine Knaben(wunsch)bilder vereinigt sah, vervielfacht sich wieder. Sein Schmunzeln hat sich zum Grinsen verzerrt, das von allen Ecken der Stadt den Herumirrenden zu verhöhnen scheint. Der exklusiven Begegnung mit dem Kunstwerk im Berliner Restauratorenatelier steht hier die harte Realität des modernen Kunstkommerzes gegenüber. Kein Wunder, dass sich das Ich im endlich gefundenen Museum nicht mehr für den *Amor* interessiert. Mit der Tatsache, dass sich die Kunstliebhaber in Massen herumtreiben, kann man sich leichter im Kreis einer Schulklasse abfinden, die von ihrem Lehrer zu einem pädagogischen Gespräch über *Maria Magdalena* (Rom, Galleria Doria Pamphili) animiert wird. Bildevokation nicht anhand eines Expertengesprächs wie zu Beginn des Buchs, sondern eines treuherzigen Geplauders – ein heiterer und entspannter Moment, trotz der Trauer und der Erschöpfung, die die Kinder aus den Zügen der dargestellten jungen Frau herauslesen. Es ist ein Ruhepunkt vor dem dramatischen Finale, einer letzten Bildbeschreibung, welche die bisherigen an Intensität noch zu überbieten scheint. Es geht um *David mit dem Haupte Goliaths* (Rom, Galleria Borghese), das mutmaßlich letzte Werk des Malers. Der Betrachter denkt, dass Caravaggio nicht nur Goliath seine eigenen Züge geliehen hat, sondern, aus der Erinnerung an die frühen Selbstporträts heraus, auch David. Hier bietet der Jüngling nicht mehr Blumen und Früchte an (und damit sich selber), sondern den grausigen Kopf eines Sterbenden. Anfang und Ende von Caravaggios Künstlerlaufbahn, die der Roman abschritt, werden in einem Bild synchron gestellt. Die Bildbeschreibung liest, wie frühere auch schon, in den Gesichtszügen der Figuren, erschließt aus den Physiognomien ihre Gedanken: »Ein Kindergesicht, das zu früh erwachsen geworden ist, der Kummer über den Brauen ist schon Erbarmen, sinnloses Erbarmen: Erbitterung.« (S. 178) Die Gedanken, die vor dessen Erlöschen noch durch das Bewusstsein Goliaths, d.h. Caravaggios zucken, setzen einen pathetischen Schluss: die Vision vom Schiff, das mit den Bildern, dem Lebenswerk davongleitet, bis an die Grenze der Erdscheibe, über die es dann hinauskippt wie das Früchtekörbchen auf dem *Emmaus*-Tisch – in die Leere.

Werke der bildenden Kunst werden in der Literatur der Moderne gerne aufgerufen.[8] Die Evokationen können dabei eine zentrale, programmatische Rolle spielen, wie die Schilderung des Pergamonaltars in der Christoph Geiser besonders wichtigen *Ästhetik des Widerstands* von Peter Weiss. Gert Hofmann gründet in seinem meisterhaften *Blindensturz* (1985) ein ganzes Werk auf ein einziges Bild von Pieter Bruegel. Dass nun aber ein erheblicher Teil eines malerischen Gesamtwerks, Bild um Bild, literarisch verarbeitet wird, das macht *Das geheime Fieber* zu einer Ausnahmeerscheinung im Feld der malereiaffinen Literatur. Erführe man nur vom Plan einer solchen Unternehmung, würde man wohl kopfschüttelnd prophezeien, das laufe notgedrungen auf einen angestrengten ›exercice de style‹ hinaus. *Das geheime Fieber* kann man zwar durchaus als eine Stilübung ansehen. Diese hat aber alle Anstrengung, die sie vielleicht gekostet hat, souverän hinter sich gelassen. Ein Grund dafür liegt in der stupenden Vielfalt der Annäherungen an die Bilder, der Beschreibungs- und Evokationsverfahren, ein anderer in dem Vermögen, die existentielle Betroffenheit glaubhaft machen zu können, der die Bilder bei ihrem Schöpfer entsprangen und die sie bei ihrem Betrachter auslösen. In der erwähnten Aufzählung der Funktionen, die dem modernen Schriftsteller verlorengegangen seien, heißt es: Er

»öffnet kein Auge dem Hörer«.[9] Zumindest in diesem Punkt straft die Praxis die Selbstanzweiflung Lügen. Geisers Bildbeschreibungskunst ist ausschlaggebend für das ästhetische Vergnügen, das das *Geheime Fieber* bei den Lesenden auslöst. Dass sie auch dem Autor Vergnügen bereitet hat, schließt nicht aus, dass sie eine Form der Notwehr gegen die Gewalt von Caravaggios Gemälden darstellt. Die Literatur lässt sich von der Malerei beflügeln, rückt ihr aber mit ihren eigenen Mitteln auch auf den Leib – eine andere Facette des Wettstreits der Künste.

IV
ÜBERBLENDUNGEN

Die eben erläuterte Feststellung, die Bildbeschreibungen stellten einen wichtigen Bestand*teil* in Geisers *Geheimem Fieber* dar, wird deren Bedeutung für den Roman nicht gerecht. Ungerahmt, lassen sich die Bildbeschreibungen vom Rest gar nicht sauber trennen. Man gleitet unversehens in sie hinein und merkt oft erst nachträglich, dass man über ihr Ende hinweggelesen hat. Noch wichtiger ist, dass der Modus der Bildbeschreibung auch in die Evokation des sogenannten ›realen Lebens‹ diffundiert. »Augen, die locken, ausgestreckte Hände, die bitten« (S. 32) – was einer weiteren Bildbeschreibung anzugehören scheint, ist der Anfang der Beschreibung des Markts auf dem Campo dei Fiori in Rom. Das Ich macht in seinem Reden keinen prinzipiellen Unterschied, ob eine gemalte Figur oder ein Mensch auf den Straßen Roms oder Neapels sein Gegenstand ist. So gut wie alles in diesem Buch ist Bildbeschreibung; damit macht das *Geheime Fieber* die Verengung des rhetorischen Begriffs der Ekphrasis auf die Beschreibung von Werken der bildenden Kunst wieder rückgängig. Dass es in einem fiktionalen Werk keinen grundsätzlichen Unterschied gibt zwischen der Beschreibung von Bildern und Menschen, ist vielleicht ein Gemeinplatz. Für die Ich-Figur wird es jedoch zum existentiellen Problem: Leben erstarrt ihr zum Bild, sie ist der Gefangene einer ästhetischen Welt. In Neapel sieht der Reisende nur noch Buben, die Stadt wird ihm zur »Knabenhölle«, doch sind es lediglich »Kopfbilder von Knaben [...] immer wieder befingert im Kopf« (S. 171).

Die Verlebendigung der Bilder und die Mortifizierung des Lebens sind zwei Bewegungen, die sich im *Geheimen Fieber* ständig durchdringen. An der Oberfläche des Texts findet das seinen Niederschlag in dem, was hier behelfsmäßig als Überblendung bezeichnet wird. Die filmische Technik der Überblendung löst eine Einstellung nicht mit einem Schnitt durch eine nachfolgende ab, sondern blendet die eine allmählich aus und die andere zeitgleich allmählich ein. Man sieht etwas und gleichzeitig etwas anderes. Das Ich sieht hinter der mythologischen Figur des *Amor* plötzlich einen Strichjungen hervortreten, Caravaggio hinter einer Dirne Maria. Für die amerikanischen »Girls« wird *Johannes der Täufer* in der Nelson Gallery in Kansas City zu einem sexy »Traumprinzen« (S. 129). Überblendungen dieser Art machen *Das geheime Fieber* zu einem »Spektakel der Wahrnehmungsübergänge«[10]. Im literarischen Text ist die Überblendung nicht bloß ein Verfahren der Szenenverkettung. Sie legt auch offen, wie subjektive Wahrnehmung sich das, was sie vor sich hat, zurechtmodelt. Sie erlaubt schließlich, die gegenwärtige in die historische Welt zu projizieren, etwa die Schwulen-Sauna nach Ausbruch von AIDS in die Badestube, wo Spada Caravaggio hinführt (S. 87), oder, etwas abrupt, die mit Gemälden von homosexuellen Künstlern des 20. Jahrhunderts ausgestatteten Geschäftsräume eines modernen Investors in das Gemach, in dem sich der Kardinal Del Monte mit Caravaggios Bruder unterhält (S. 136-138).

Einen dankbaren Anlass zu Überblendungsspielen bieten auch die 100.000-Lire-Noten, die vor der Einführung des Euro in Italien in Umlauf waren und Caravaggios Bild zeigen. Der Romreisende trägt diese Noten in der Tasche, aber auch Caravaggio zieht verblüffenderweise einige davon hervor, um eine Dirne dafür zu entschädigen, dass sie ihm, ohne es zu wissen, für Judith Modell stand.

Den Überblendungen leistet eine starke Gliederung des Textes Vorschub, die in Geisers Schaffen einmalig ist (das Druckbild des Romans gibt das sofort zu erkennen). Immer wieder gibt es Abschnitte, die aus einem einzigen kurzen, manchmal sogar elliptischen Satz bestehen. Diese Freistellung von Sätzen erlaubt unterschiedliche oder multiple Zuordnungen zum Kontext. »Ein stummer Schrei« (S. 81) bezieht sich ebenso auf das Knäblein auf dem *Martyrium des heiligen Matthäus* wie auf die Kindheitserinnerung des Ich, die zuvor aufgerufen worden ist.

Das Verb »wegräumen« ist ein Beispiel, wie Überblendungen auch aus der Mehrdeutigkeit einzelner Ausdrücke erwachsen können. Das Wort kehrt in hoher Frequenz wieder. Ein erstes Mal fällt es, wenn der Museumsbesucher den Berliner *Amor* nicht mehr an seinem Platz findet, was seine aktiven Nachforschungen in Gang setzt. Das letzte Mal erscheint das Wort auf der letzten Seite des Romans, welche die Gedanken wiedergibt, die dem enthaupteten Goliath noch durch den Kopf flirren, bevor alles aufhört. Der Körper gehört ihm nicht mehr, »weggeräumt schon« (S. 178). Zwischen der harmlos konservatorischen und der finalen Bedeutung entfaltet sich ein reiches Bedeutungsspektrum. Wenn die Ich-Figur vom Strichjungen sagt, der den gemalten Amor überblendet, er sei »ganz weggeräumt noch« (S. 22), dient das Wort als (wörtliche) Übersetzung des englischen »spaced«, das für eine Person verwendet wird, die sich im Drogenrausch in einem anderen als dem realen Raum befindet. Auf dem knapp, aber umso suggestiver geschilderten Römer Markt, erregt ein junger Gemüseverkäufer den Romfahrer so, dass er ihn »wegräumen« möchte, was eine aggressive, übergriffige Bedeutung des Wortes offenbart: »Den möchte ich wegräumen« (S. 33). Sie schlägt auf das Ich zurück, wenn ein neapolitanischer Strichjunge es in einen Park lockt (S. 173). Der Jäger wird zur Beute.

V
ENTSTEHUNG

Neun schwere Schachteln füllt das Entwurfsmaterial zu *Das geheime Fieber* im öffentlich zugänglichen Archiv von Christoph Geiser im Schweizerischen Literaturarchiv in Bern. Die Papiere vermitteln den Eindruck eines zielstrebig und höchst reflektiert vorangetriebenen Entstehungsprozesses. Das Material setzt sich zusammen aus ausgeführten Texten, die Schreibarbeit vorbereitenden und begleitenden Aufzeichnungen und aus Annexdokumenten (Quellenmaterial, Korrespondenz). In den Textkonvoluten finden sich zuerst Texte, die bereits vom Autor selbst dem *Geheimen Fieber* zugeordnet worden sind, ohne dass ein inhaltlicher Zusammenhang evident wird. Mehrfach liest man hier die Überschrift »Im Freigehege«. Es folgen Texte, welche sich eindeutig als Vorstufen und schließlich als Fassungen der drei Teile des Romans identifizieren lassen. Am Schluss finden sich das Typoskript, das dem Verlag eingereicht wurde, und die Druckfahnen. Alle diese Textstufen verraten einen hochprofessionellen Schreibarbeiter, der sich kaum je vertippt und stets die Übersicht behält über die sauber eingefügten Korrekturakte. Die die Werkentstehung begleitenden und steuernden Aufzeichnungen wurden in einer Anzahl winziger Notizblöcke, in zwei postkartengroßen schwarzen Reisetagebüchern aus dem Jahre 1985, in vier dicken Pressspanheften im A4-Fromat und in Konvoluten von losen A5- und A4-Blättern festgehalten. Briefe dokumentieren unter anderem den Austausch mit Bekannten vor allem über Caravaggio, mit Förderstellen über Unterstützung und mit dem Verlag über die endgültige Gestalt des Buchs.

Dieses Material und ein Gespräch, das der Verfasser dieses Nachworts am 17. Oktober 2022 in Bern mit Christoph Geiser führen konnte, erlauben eine ungefähre Rekonstruktion der Entstehungsgeschichte von *Das geheime Fieber*. Von welchem Zeitpunkt an die Arbeit als die Arbeit an diesem Roman gelten kann, lässt sich allerdings nicht klar feststellen.

Christoph Geiser zieht nach Fertigstellung des Romans *Wüstenfahrt* 1983 als DAAD-Stipendiat nach Berlin, wo er auch nach Ablauf der Unterstützung bleibt, ohne allerdings je den Berner Wohnsitz aufzugeben. Zum Ortswechsel notiert er in einem Notizheft: »Ist er letztlich vor der Klatschsucht, dem Gerede hierher geflüchtet? Die Klatschsucht eines kleinen Ländchens.«[11]

Die Drucklegung von *Wüstenfahrt* lässt auf sich warten, da Geiser den Roman dem neuen Verlag anvertrauen will, den Renate Nagel, seine Lektorin beim Benziger-Verlag, zusammen mit Judith Kimche zu gründen im Begriff ist. Das mit Unruhe erwartete Erscheinen des Coming-out-Buches *Wüstenfahrt* erfolgt im Sommer 1984 innerhalb des Eröffnungsprogramms des neuen Verlags.

Was Christoph Geiser in Berlin schreibt, spiegelt den Ansturm der Eindrücke in der neuen Umgebung. Er lebt zur Untermiete in der Wohnung der Objekt- und Aktionskünstlerin Rebecca Horn in der Eisenacherstrasse 118, zufällig mitten im homosexuellen Rotlichtmilieu, das von der AIDS-Epidemie in Aufruhr versetzt worden ist. Die Texte, die unter dem Arbeitstitel *Im Freigehege* entstehen, berichten von Streifzügen durch den westlichen und den östlichen Teil der Stadt. Der Zoo, der Nacktbadestrand am Wannsee und die Museen stellen als ruhigere Gegenwelten so etwas wie Fluchträume dar. Der Titel ist ein genialer Fund. Das Wort »Freigehege« zeigt, dass die Sprache bereits längst wusste, was Friedrich Dürrenmatt in seiner berühmten Rede zu Ehren von Václav Havel *Die Schweiz – ein Gefängnis* 1990 darlegte: Freiheit und Eingesperrtsein können in paradoxer Weise eins werden. Bei Geiser ist das Wort zudem eine ironische Metapher für das von der DDR umschlossene West-Berlin. In dem Textkomplex führt der Autor die Jagdthematik, die, wie Martin Schellenberg in seiner frühen Geiser-Dissertation aufgezeigt hat, schon im Werk bis zur *Wüsentfahrt* präsent ist,[12] weiter. Schon hier kann der Jäger unvermittelt zum Gejagten werden, zur »Beute«.[13] Eine konzentrierte Kostprobe der Arbeit erscheint am 22. September 1984 unter dem Titel *Im Freigehege* zusammen mit zwei weiteren Berlin-Texten von Urs Jaeggi und Thomas Hürlimann in der *Neuen Zürcher Zeitung*.

Knapp 40 Jahre später erinnert sich Christoph Geiser so an seine erste Berlin-Zeit:

> Gemälde wurden für mich Projektionsflächen von Geschichten, als ich selber keine Geschichte mehr hatte ... Juni 1983, Berlin, der Aids-Schock, das »Leben« war unzugänglich geworden, denn ohne Sinnlichkeit gibt es kein Leben (und keine Liebe). Aus Ratlosigkeit eigentlich geriet ich in die Gemäldegalerie und begegnete Caravaggios Amor – *Amor vincit omnia* – im Museum![14]

Die folgenschwere Begegnung mit Caravaggios Gemälde in der Gemäldegalerie Preussischer Kulturbesitz, die damals in Dahlem untergebracht war, findet im Laufe des Jahres 1984 statt. Sie bildet den Anstoß zu nichts Geringerem als einer Neuorientierung von Christoph Geisers Schreiben. Die Bedeutung der Begegnung spiegelt sich nicht nur im Roman *Das geheime Fieber*, zu dem sie die Initialzündung gab, sondern auch darin, dass Geiser sie in späteren Büchern noch wiederholt thematisierte.[15] Geiser scheint in der Kunst und dem Leben Caravaggios rasch seinen neuen Stoff erkannt zu haben, der den ziellos in der Stadt und in verschiedenen Themen herumstreunenden Autor in einen Furor versetzt. Dieser historische Stoff hat, anders als die in *Grünsee* verhandelte Zermatter Typhus-Epidemie, mit Geisers Leben unmittelbar nichts zu tun. Als der *Amor* später plötzlich aus dem Museum verschwindet, bekommt Geiser die Möglichkeit, das Bild im Atelier des Restaurators zu sehen, der es reinigt und ausbessert, bevor es für eine große Caravaggio-Ausstellung nach New York geschickt werden soll. Der Zufall will, dass Geiser den Restaurator, Gerhard Pieh, aus anderen Zusammenhängen bereits kennt. Pieh macht sich nach der Fertigstellung des *Amor* an die Restauration des einst Rembrandt zugeschriebenen *Mannes mit dem Goldhelm*. Die Anfangsszenen des Romans, die wie klug konstruierte Expositionen anmuten, leiten sich direkt von Erlebtem ab. Dass sie den Roman eröffnen sollen, steht früh fest.

Der Autor beschafft sich als Erstes die gerade neu erschienene Caravaggio-Monographie von Howard Hibbard,[16] die in einem umfangreichen Anhang die frühen Lebensbilder versammelt, auf die sich das rudimentäre Wissen über die Biographie des Malers stützt. Noch im fertigen Romantext lassen sich zahlreiche Spuren der Hibbard-Lektüre finden, vor allem dort, wo es, wenn auch nur kurz, um maltechnische Fragen geht oder um Caravaggios Vorbilder.[17] Geiser hält das erarbeitete Wissen in verschiedenen Dossiers fest: »Caravaggio-Chronologie« (mit Lebensdaten),[18] »Caravaggio-Bilder« (mit ausführlichen Bildbeschreibungen),[19] »Caravaggio-Personal« (mit Lebensdaten wichtiger Figuren aus Caravaggios Umfeld),[20] »Caravaggio-Zeitumstände«.[21] Beigezogen wird auch der Farbbildband von Giorgio Bonsanti.[22] Dieser dürfte den Autor unter anderem mit der Betonung von Caravaggios »Poetik des Schreis«[23] und der Annahme, *David mit dem Haupte Goliaths* sei Caravaggios letztes Gemälde,[24] angeregt haben. Um sich in die historische Welt Caravaggios zu versetzen, liest Geiser auch die von Goethe übersetzte Autobiographie des Bildhauers und Goldschmieds Benvenuto Cellini. Darin stößt er auf den Ausdruck »geheimes Fieber«.[25] Derek Jarmans Film *Caravaggio* entstand gleichzeitig wie der Roman. Geiser nahm ihn erst nach Erscheinen des Buchs zur Kenntnis.

Der Einbruch von Caravaggio und dessen Bildern in Geisers Leben spiegelt sich im dritten der dem *Geheimen Fieber* zugeordneten Arbeitsbücher. Hier werden verschiedene Projekte erwogen. AIDS ist ein dominierendes Thema. Und dann tritt, leider ohne genaue Datierung, Caravaggio auf und beherrscht von nun an das Feld.

Schon am 13. Januar 1985 beginnt Geiser mit der Niederschrift eines 91-seitigen, später stark handschriftlich überarbeiteten Typoskripts, das betitelt ist mit: *Caravaggio. Erste Annäherungsversuche an ein zweifelhaftes Subjekt*. Es enthält einen zusammenhängenden historischen Roman, der in chronologischer Ordnung sprechende Szenen aus dem Leben Caravaggios evoziert. Wesentliche Bestandteile der historischen Passagen, die im Rom-Teil des fertigen Romans dann mit Bildbeschreibungen und Szenen aus der Gegenwart des reisenden Ichs durchsetzt werden, liegen hier bereits bis in den Wortlaut vor. Gefunden ist die Auswahl der Szenen und gefunden ist der Ton, eine zupackende, komprimierende Erzählweise, die mit der weit ausholenden und ausmalenden Erzählgeste traditioneller historischer Romane nichts zu tun hat. Dass Fundament für einen Roman ist damit gelegt. Dies erklärt, warum der Autor in seinen Arbeitsnotizen die historische Ebene des Romans immer als die erste bezeichnet, was der Prioritätensetzung der Leserinnen und Leser zuwiderläuft, die später auf der Gegenwartsebene in den Roman einsteigen werden. Geiser scheint nie erwogen zu haben, es bei der historischen Ebene zu belassen.

Vom 20. Mai bis zum 1. Juni 1985 unternimmt Geiser eine erste Reise nach Rom und Neapel. Es ist, wie ein einleitender Eintrag des Reisetagebuchs festhält, nicht nur eine Kunstreise.

> Dramaturgie dieses Trips:
> Ich reise einem Bild nach –
> dem Amor (der das Fenster
> ist, die Tapetentür in
> die andere Zeit!)
> (Ich reise den Eroten nach,
> dem Eros. Josefs Tips!)[26]

Der Anlass, die Reise jetzt zu machen, ist die große Caravaggio-Ausstellung, für die man in Berlin den *Amor* zurecht gemacht hatte. Nach New York wird sie zwischen dem 15. März und dem 30. Juni in Neapel gezeigt. Im Tagebuch Festgehaltenes wird später direkt in den Roman überführt, zum Beispiel die Begegnung mit einem Neapolitaner, der nur widerwillig, aber in fließendem Französisch die erbetenen Wegauskünfte gibt (vgl. S. 169f).

Im Herbst, vom 31. Oktober bis zum 17. November 1985, unternimmt der Autor eine zweite Reise; in Rom wohnt er als Gast im Instituto Svizzero.

Die eigentliche Ausarbeitung des Romans nimmt das Jahr 1986 in Anspruch. Der Autor scheint sich die drei Teile hintereinander vorgenommen zu haben und erstellt davon je mindestens zwei Fassungen. Die erste Niederschrift des ersten Teils, der mit *Im Freigehege* überschrieben ist, beginnt am 1. Januar 1986. Das Kapitel umfasst schließlich 125 Seiten. Der Beginn ist schon derjenige der Buchfassung. Festgelegt ist auch der Titel *Das geheime Fieber*, dem als Motto der Schluss der 4. Duineser Elegie von Rainer Maria Rilke beigegeben ist: »... den ganzen Tod, noch *vor* dem Leben so sanft zu enthalten und nicht bös zu sein, ist unbeschreiblich.«

Der Abschluss des in Neapel spielenden dritten Teils und damit der Abschluss der ersten Niederschrift ist auf deren letztem Blatt (S. 425) datiert auf den »26. Juni 1986 / 17 Uhr 45«. Eine zweite vollständige Niederschrift wird am 1. Dezember beendet.

Anfang 1987 übergibt Christoph Geiser das jetzt 389 Seiten umfassende Typskript des Romans dem Verlag. Titel und Motto sind geändert: »Bildersturz. Roman. ›Nur ein Bild kann einem ganz gefallen, aber nie ein Mensch. Der Ursprung der Engel.‹ (Elias Canetti).«

Vor der Übergabe des Typoskripts hat der Autor noch eine massive Kürzung des ersten Kapitels vorgenommen. Auf der S. 46 findet sich der Hinweis: »S. 47-108 entfällt«, der die Lücke in der Paginierung erklärt. Der zweite Teil beginnt auf S. 109.

Am 29. März 1987 führen Christoph Geiser und Renate Nagel ein Telefongespräch über das Romanmanuskript. Die Forderungen der Verlegerin werden in einem »Aide mémoire« schriftlich festgehalten. Die Caravaggio-Thematik und der Rom-Teil sollen dominieren und die Berichte über das, was die Ich-Figur neben der Auseinandersetzung mit Caravaggio in Berlin und Neapel auch noch erlebt, auf ein Minimum reduziert werden. In Notizen, deren schnell hingeworfene Schrift die Erregung verrät, plant Geiser das Vorgehen. In relativ kurzer Zeit werden die Änderungen ausgeführt; es wird gekürzt, was an einigen Stellen neue Überleitungen erforderlich macht, und es entsteht ein neuer Schluss. Vom ersten Teil entfallen nochmals gut 30, vom dritten Teil gut 40 Typoskriptseiten. Mit den etwas mehr als 10% des ursprünglichen Umfangs schrumpft der Berlin-Teil zu einem Prolog, der Neapel-Teil, von dem knapp 50% übrigblieben, wird zu einem Kehraus, einem rasch ans Ende drängenden, aber reich instrumentierten Finale. Die neuen Proportionen machen es nicht mehr sinnvoll, die Teile zu nummerieren. Zu Verhandlungen mit dem Verlag gibt auch der Titel Anlass. Nach *Bildersturz* wird auch noch der Titel *Bildersturm* erwogen, dann aber, weil schon besetzt, zugunsten des ursprünglichen fallen gelassen.

Das Buch, das im Spätsommer 1987 auf den Markt kommt, ist so vom Verlag stark mitbestimmt. Das gilt auch für die Titel-Illustration. Das Publikum mit *Amor vincit omnia* oder *David mit dem Haupte Goliaths* zu provozieren, getraut man sich nicht. Auch wenn der *Narziss* mit großer Wahrscheinlichkeit gar nicht von Caravaggio stammt und in dem Buch, dessen Schutzhülle es nun ziert, gar nicht vorkommt, ist er ein manierlicher Lückenbüßer. Dass Pädophilenjäger 2014 verlangten, dass *Amor vincit omnia* aus der Berliner Gemäldegalerie ›weggeräumt‹ werde,[27] zeigt, dass die Vorsicht des Verlags ihre guten Gründe hatte, auch wenn man sich in den 1980er Jahren noch mehr erlauben durfte.

VI
IM FREIGEHEGE

Wer sich ein Bild von den Umakzentuierungen machen will, die der Roman durch die von der Verlegerin geforderten und vom Autor akzeptierten, massiven Kürzungen erfahren hat, und eine Antwort auf die Frage sucht, ob die Textverluste dem Buch geschadet haben, muss sich mit den weggefallenen Teilen vor allem des ersten Teils auseinandersetzen. Um dies den Leserinnen und Lesern dieser Neuausgabe des *Geheimen Fiebers* wenigstens in Ansätzen zu ermöglichen, wird darin der kurze Text abgedruckt, den Geiser im September 1984 unter dem Titel *Im Freigehege* der *Neuen Zürcher Zeitung* zur Verfügung stellte. Dabei handelt es sich allerdings um ein Art Kondensat: die Freigehege-Passagen im Roman hatten keineswegs eine so fragmentierte Struktur. Der Autor selbst resümiert sie in einem Exposé, das er am 13. Dezember 1985 einem Unterstützungsgesuch an die Schweizerische Kulturstiftung Pro Helvetia beilegte. Nach der Einleitungsszene im Berliner Museum sollte in einer »Rückblende« das Vorleben der Ich-Figur dargestellt werden:

> Rückblende: der Weg zu den Bildern. Der Erzähler (aus der Schweiz geflüchtet, beschäftigt mit einer unbestimmten Arbeit, eingemietet in einer kahlen Wohnung, die einem Objektkünstler gehört, der seltsame Gegenstände hinterlassen hat: eine ostasiatische Maske des Bösen, Ketten ohne Funktion, einen mannsgrossen, zerschossenen oder angebrannten Spiegel) irrt durch die Museen (diesseits und jenseits der Mauer), durch den Zoo, durch die Knabenstadt: die ganze Stadt wimmelt von Knaben; er ist eingekreist von Knabenbildern; er sieht nur noch Knabenbilder; die Knabenbilder werden ihm (in seiner kahlen

Wohnung) zur Obsession; er muss die Bilder zerstören, indem er sie berührt: massenhaft; sehn-süchtig; ängstlich; unter akuter Lebensgefahr, mit Todesbewusstsein. Doch es hilft nichts; kaum hat er die Knaben berührt, werden sie jedesmal wieder zum Bild – zu einem Bild schliesslich, zusammengesetzt eben.

Er muss herausfinden, was sich hinter dem Amor (der alles besiegt) verbirgt.[28]

Der Kürzung, die Geiser noch vor der Übergabe des Romanmanuskripts an den Verlag bereits selbst vorgenommen hat, fallen Passagen zum Opfer, die den Knaben, die die Ich-Figur einkreisen, Gesichter und auch Namen geben. Möglich, dass diese Textpartie wegen ihres anekdotischen Charakters, vor allem aber aufgrund ihrer in die Breite gehenden Erzählweise, nicht recht zum Rest zu passen scheint, der durch Zäsuren, Szenen-, Themen- und Ebenenwechsel viel stärker gegliedert ist. Es gibt hier auch eine längere Schilderung eines Besuchs in der Gedenkstätte des Konzentrationslagers Buchenwald in der DDR. Der erst in einem zweiten Schritt gekürzte Anfang der Rückblende schildert die Gänge, auf denen das Ich Berlin erkundet. In der Druckfassung konstituiert sich die Ich-Figur ausschließlich in ihrer Auseinandersetzung mit Caravaggio. Eine jetzt isolierte, letzte Rückblende in das frühere Leben der Ich-Figur findet sich im fertigen Roman noch im Rom-Teil (S. 78-81).

Im dritten Kapitel werden verschiedene, punktuellere Streichungen vorgenommen. Auch in der Schlussfassung tauchen zwar die Matrosen des französischen Flugzeugträgers Clemenceau noch auf, der während Geisers Besuch in Neapel Ende Mai 1985 aus Anlass des Bürgerkriegs im Libanon hier vor Anker lag. In der längeren Version ist davon noch viel ausführlicher die Rede. Das Schiff wird mit dem Schiff in Parallele gesetzt, das Caravaggio bei der Rückkehr aus dem Exil in Erwartung seiner Begnadigung in Porto Ercole verlässt, bevor es mit seinen Bildern weiterfährt. Auf eine Feuersbrunst auf der Clemenceau, die in der längeren Fassung der Todesthematik des Schlusskapitels noch eine dramatische, apokalyptische Dimension verlieh, wird in der Endfassung nur noch kurz verwiesen.

Einschneidend ist die Änderung des eigentlichen Schlusses. Nachdem vom Tod Caravaggios die Rede war, wird ein sinisterer, nächtlicher Busbahnhof evoziert, der, wie die von Caravaggio gemalten Szenen, nur partiell beleuchtet ist. Die Ich-Figur überquert ihn. Die Schlusssätze lauten:

> Eine Lichtflut, zwei Flutlichter, nur Licht noch, der fremde Aufschrei, kein Schritt mehr, ein Schreck nur, geblendet.
> Die Distanzen nachts täuschen.
> Auf den Knien beugt sich ein Unbekannter über den Toten.[29]

Wie ist das zu deuten? Macht sich das Ich in einem letzten Gedanken zur Figur eines Bildes? Stirbt es, als Märtyrer seiner Passionen, einen Tod, wie ihn der früher erwähnte Pier Paolo Pasolini erlitt (vgl. S. 67)? Nach dem Tod in Venedig, dem Tod in Rom, ein Tod in Neapel? Triumphiert in der Konstellation von Ich- und Maler-Figur, die immer zwischen Entgegensetzung und Parallelisierung oszilliert, am Schluss die Parallelisierung?

Der neue Schluss erspart den Lesenden solches Rätselraten, und der Schrei, der im alten noch zu hören ist, erstirbt.

Der Verschlankung des Neapel-Teils müssen virtuos beschriebene Szenen geopfert werden, etwa diejenige eines Marineoffiziers, der mit einem Matrosen in einer Pizzeria sitzt, während ihre Hüte, die die beiden auf einen Nebenstuhl gelegt haben, zusammen Unzucht zu treiben scheinen. Doch gewinnt der Schluss des Romans an Eindringlichkeit, wird zum mitreißenden Finale.

Anders als bei den ausgeschiedenen Neapel-Szenen hat Christoph Geiser in späteren Büchern, vor allem in *Das Gefängnis der Wünsche* und in *Wenn der Mann im Mond erwacht*, auf den *Freigehege*-Komplex zurückgegriffen, auch auf die Buchenwald-Passagen. Es wäre lohnend, diesen Wiederverwertungen anhand des im Schweizerischen Literaturarchiv leicht zugänglichen Materials im Detail nachzugehen.

Jenseits aller Erwägungen über Gewinne und Verlust der Umarbeitung steht das Faktum, dass diese Caravaggio ganz ins Zentrum des Romans rückt und so dessen Profil schärft. Wäre Beatrice von Matt die vorletzte Fassung dieses Romans vorgelegen, hätte sie ihre Besprechung schwerlich mit dem Satz begonnen: »Ein konsequenteres Buch als ›Das geheime Fieber‹ hat Christoph Geiser bisher nicht geschrieben.«[30]

Die starke historische Komponente grenzt *Das geheime Fieber* von den drei vorangegangenen Romanen ab und verbindet es mit kommenden, insbesondere mit *Das Gefängnis der Wünsche*, wo es um Marquis de Sade und Goethe, und *Die Baumeister*, wo es um Piranesi geht. So beginnt mit dem vierten Roman eine neue Phase in Geisers Schaffen. Wären die langen *Freigehege*-Partien darin stehen geblieben, die an *Wüstenfahrt* anschließen, dann läge die werkgeschichtliche Zäsur im Innern des Romans. In der Druckfassung, in welcher der Berlin-Teil zu einem kurzen Präludium geschrumpft ist, wird die Gegenwart der Ich-Figur sogleich mit der historischen Welt Caravaggios in Beziehung gesetzt. So etablierten sich von Anfang an das Hin und Her zwischen den Zeiten und die Überblendung als tragendes Prinzip. Dieses verleiht dem Text eine Komplexität und eine Modernität, wie sie *Grünsee* und *Brachland*, Geisers erste Romane, noch nicht kannten.

Die Öffnung hin zu einem geschichtlichen Stoff allein hätte aber noch keine so markante Neuorientierung herbeigeführt. Es brauchte dazu auch die spezielle Epoche, die barocke Welt Caravaggios mit ihrer Theatralik, ihrer Vorliebe für Pathos, ihrem Hang zur offenen Gewalt. Geiser hatte in seinen beiden ersten Romanen, *Grünsee* und *Brachland* die Scheinheiligkeit unter bürgerlich protestantischen Vorzeichen erkundet. Am Hof des Kardinals, der sich als Kirchenpolitiker für die Pflege des Marienkults einsetzte und sich privat – aber was heißt bei einem Höfling denn schon privat? – mit Lustknaben und gewagten Kunstwerken umgab, wurde Scheinheiligkeit mit so großer Geste gelebt, dass sie eigentlich aufhörte, scheinheilig zu sein. Der Kardinal, der ja auch als kalter Ausbeuter hätte denunziert werden können, wird als einer, der sich keine Illusionen macht und die Widersprüchlichkeit der Welt aushält, mit auffallender Sympathie dargestellt. Christoph Geiser bestätigt diese, wenn er viel später in einem Interview zum Wahlspruch des Kardinals »Nec Spe, nec Metu« (S. 44) sagt:

> »Ohne Hoffnung, ohne Angst«. Das ist der Wahlspruch des Stoizismus. Der rechnet nicht mehr mit der Zukunft, mit der Projektion, mit dem Versprechen oder der Drohung, sondern mit dem Hier und Jetzt, einem Leben ohne Hoffnung und ohne Angst. Ohne Paradies und ohne Hölle ...[31]

Mit Caravaggios Welt halten Ausdrücke in Christoph Geisers Wortschatz Einzug, die vorher als viel zu pathetisch erschienen wären: Schuld, Sünde, Gnade.

Falsch wäre nun aber der Schluss, dass der Autor sich selber und der eigenen Erfahrungswelt den Rücken kehrt, wenn er sich eine ferne historische Welt erschließt. In einem Fernsehinterview aus Anlass des Erscheinens des Romans hielt er fest: »Im Grund isch ds *Geheime Fieber* z'erschte Buech über mi sälber. All di Figure, wo da drin vorkömme, das bi aigentlech ich.«[32]

Die Maskierung als Ermöglichung der Selbstdarstellung.

Dominik Müller

Anmerkungen

1. Geiser, Christoph: *Wenn der Mann im Mond erwacht. Ein Regelverstoß*. Zürich: Amann 2008, S. 272-275.
2. Zeller, Rosmarie: *Natur und Kunst. Zu Christoph Geisers Romanen Das geheime Fieber und Das Gefängnis der Wünsche*. In: *Nach den Zürcher Unruhen. Deutschsprachige Schweizer Literatur seit Anfang der achtziger Jahre. Konferenzbeiträge*. Katowice 1996, S. 48-60, hier: S. 49. Zeller übernimmt bei der Gegenüberstellung von »erzählen« und »reden« eine Unterscheidung Gérard Genettes. Ihre Auseinandersetzung mit dem *Geheimen Fieber* führt Zeller weiter in ihrer Monographie: »*Letztenendes bleibt doch nur die Kunst*«. *Studien zu Christoph Geisers Texten*. Bielefeld: Aisthesis 2020, S. 11-31.
3. Geiser, Christoph: *Gerede wider Sinn & Anschauung oder: vom Promeneur zum Parleur* [2003]. In: ders.: *Der Angler des Zufalls. Schreibszenen*. Hg. von Michael Schläfli. Hamburg: Männerschwarm 2009, S. 161-181, hier: S. 170.
4. *Vita di Michelangelo da Caravaggio pittore*. In: Giovanni Baglione: *Le vite de'pittori, et scvltori et architetti: dal pontificato di Gregorio XIII del 1572 in fino a'tempi di Papa Urbano Ottavo nel 1642*. Rom 1642.
5. Dies ist eine der Beobachtungen, die ich der Rezension des Romans von Peter Utz verdanke: *Das unstillbare Rauschen des Blicks*. In: *Schweizer Monatshefte* 67 (1987), Heft 11, S. 955-958.
6. Das ist eine der Beobachtungen Ruth Schoris, welche die Bildbeschreibungen in Geisers Buch bisher am gründlichsten untersucht hat: Schori, Ruth: *Erlöste Kunst. Vom literarischem Umgang mit Bildern: Christoph Geiser und Michelangelo Merisi da Caravaggio*. In: *Schweizer Monatshefte* 75 (1995), Heft 7/8, S. 62-66. Zum Thema vgl. auch den »Exkurs zu Geisers Kunst der Bildbeschreibung«, in: Zeller: »*Letztenendes bleibt doch nur die Kunst*« (wie Anm. 2), S. 27-31.
7. Geiser, *Wenn der Mann im Mond erwacht* (wie Anm. 1), S. 100.
8. Dazu: Fliedl, Konstanze, Rauchenbacher, Martina, Wolf, Joanne (Hg.): *Handbuch der Kunstzitate. Malerei, Skulptur und Fotografie in der deutschsprachigen Literatur der Moderne*. Bd. 1. Berlin/Boston: de Gruyter 2011.
9. Geiser, Christoph: *Gerede wider Sinn & Anschauung* (wie Anm. 3), S. 170.
10. Wolf, Joanna: *Christoph Geiser*. In: Fliedl / Rauchenbacher / Wolf (Hg.): *Handbuch der Kunstzitate* (wie Anm. 7), S. 218-222, hier: S. 219.
11. Schweizerisches Literaturarchiv (SLA) Bern, Archiv Christoph Geiser, SLA-Geiser-A-3-c-1-e (Geiser, Christoph / Das geheime Fieber / Notizen 1).
12. Schellenberg, Martin: *Stoffe – Motive – Formen im Werk Christoph Geisers*. Zürich: Zentralstelle der Studentenschaft 1987, S. 176.

13 Vgl. dazu den Prosatext *Die Beute*. In: *Jahresring 83/84 – Jahrbuch für Kunst und Literatur*, 1983; wieder abgedruckt in: Geiser, Christoph: *Wunschangst*. Hamburg: MännerschwarmSkript 1993, S. 13-22.
14 Reidy, Julian und Wagner, Moritz: *Anders über anderes reden. Interview mit Christoph Geiser*. In: viceversa literatur 16. Jahrbuch der Schweizer Literaturen. Zürich: Rotpunktverlag 2022, S. 35-43, hier: S. 36.
15 U. a. in *Wenn der Mann im Mond erwacht* (wie Anm. 1), S. 97-102 und in *Verfehlte Orte*. Zürich: Secession 2019, S. 69.
16 Hibbard, Howard: *Caravaggio*. New York: Harper & Row 1983.
17 Etwa die gewagte Vermutung, Caravaggio habe sich im »Siegenden Amor« über die ›verklemmte‹ Homosexualität Michelangelos lustig gemacht (S. 20), vgl. Hibbard – wie Anm. 15 – S. 159, oder der Befund, »[d]ie Hände sind immer zu groß« (S. 25), die eine Beobachtung Hibbards (S. 78) zu einer bestimmten Hand verallgemeinert.
18 Schweizerisches Literaturarchiv, Archiv Christoph Geiser, SLA-Geiser-A-3-e-9-b.
19 Schweizerisches Literaturarchiv, Archiv Christoph Geiser, SLA-Geiser-A-3-e-9-c.
20 Schweizerisches Literaturarchiv, Archiv Christoph Geiser, SLA-Geiser-A-3-e-9-d.
21 Schweizerisches Literaturarchiv, Archiv Christoph Geiser, SLA-Geiser- A-3-e-9-e.
22 Bonsanti, Giorgio: *Caravaggio*. Firenze: Scala 1984 (der Verlag hat das italienisch geschriebene Buch auch in englischer, deutscher und französischer Übersetzung auf den Markt gebracht).
23 Ebd., S. 36.
24 Ebd., S. 74. Hibbard bestimmt ein anders Gemälde als das letzte Werk des Malers, schließt aber auch sein Buch mit einer Betrachtung zum David-Goliath-Gemälde.
25 »Als wir über die Gebürge des Simplons kamen gesellte ich mich zu gewissen Franzosen, mit denen wir eine Zeitlang reisten. Askanio mit seinem viertägigen und ich mit einem geheimen Fieber, das mich nicht einen Augenblick zu verlassen schien. Ich hatte mir den Magen so verdorben, daß ich kaum ein ganzes Brot die Woche verzehren mochte, äußerst verlangte ich nach Italien zu kommen.« (*Leben des Benvenuto Cellini, Florentinischen Goldschmieds und Bildhauers von ihm selbst geschrieben. Übersetzt und mit einem Anhang herausgegeben von Goethe*. In: Goethe, Johann Wolfgang: *Sämtliche Werke nach Epochen seines Schaffens*. Bd. 7. Hg. von Norbert Miller und John Neubauer. München: Hanser 1991, S. 199.)
26 Schweizerisches Literaturarchiv, Archiv Christoph Geiser, SLA-Geiser-A-3-e-1-k; bei »Josef« handelt es sich um den Schriftstellerkollegen und Rom-Kenner

Josef Winkler, der Geiser in einer Kneipe in Berlin auf einer Annoncenseite einer Zeitschrift ein Croquis von Fixpunkten der Rom-Topographie entwarf.

27 Siehe Zeller, »*Letztenendes bleibt doch nur die Kunst*« (wie Anm. 2), S. 14.
28 Schweizerisches Literaturarchiv, Archiv Christoph Geiser, SLA-Geiser-A-3-e-9-f.
29 Geiser, Christoph: *Das geheime Fieber. Letzte Fassung vor dem Lektorat* (Kopie), S. 392, Schweizerisches Literaturarchiv, Archiv Christoph Geiser, SLA-Geiser-A-3-e-7-b.
30 von Matt, Beatrice: Kunst-Leben. Christoph Geiser: ›Das geheime Fieber‹. In: *Neue Zürcher Zeitung*, Nr. 228, 2.10.1987, S. 27.
31 »*Ich bin absolut kein Gläubiger mehr*«. *Christoph Geiser im Gespräch mit Daniel Rothenbühler*. In: *Literatur zur Zeit des Kalten Krieges in der deutschsprachigen Schweiz*. Hg. von Dominik Müller und Daniel Rothenbühler (erscheint 2023).
32 Ausgestrahlt in der Sendung *Das Literatur-Magazin* des Fernsehens DRS vom 13. September 1987. https://www.srf.ch/play/tv/das-literaturmagazin/video/christoph-geiser-das-geheime-fieber?urn=urn:srf:video:ea35a7f5-7e57-499e-9809-60616632435 (zuletzt: 25.10.2022).

Editorische Notiz

Als Textgrundlage der vorliegenden Ausgabe diente die Erstausgabe:

Geiser, Christoph: *Das geheime Fieber*. Roman. Zürich: Verlag Nagel & Kimche 1987.

Die Veröffentlichung der Werkausgabe von Christoph Geiser im Secession Verlag erfolgt in enger Zusammenarbeit mit dem Autor. Für die vorliegende Ausgabe wurde die Erstausgabe von *Das geheime Fieber* nicht nur einem sorgfältigen Korrektorat unterzogen, sondern auch ein behutsames Lektorat durchgeführt. Dabei wurden neben der Korrektur von Druckfehlern auch logische (sinnentstellende) Fehler und gewisse stilistische Unstimmigkeiten behoben sowie weitere behutsame Veränderungen vorgenommen. Sämtliche Eingriffe in die originale Textgestalt sind vom Autor gewollt und gutgeheißen. Da es sich bei der vorliegenden Werkausgabe um eine Leseausgabe handelt, wurde der Text außerdem konsequent an die neue deutsche Rechtschreibung angepasst.

Der im Anhang publizierte Text *Im Freigehege* erzählt die Vorgeschichte des Romans, welche den Ich-Erzähler für die Begegnung mit Caravaggios Amor prädisponierte. Er erschien erstmals in der Beilage *Literatur und Kunst* der *Neuen Zürcher Zeitung* vom 22./23.

September 1984, Nr. 221, S. 70 und bildet ein Konzentrat des »Freigehege-Komplexes«, Geisers die Romane *Wüstenfahrt* und *Das geheime Fieber* verbindender, 1983/84 entstandener Berlin-Stoff, aus dem zunächst etwa 100 Seiten in *Das geheime Fieber*, insbesondere den Anfang eingeflossen waren, ehe er dann im Lektorat der Erstausgabe vollständig herausfallen sollte. Ein weiterer Abdruck des Textes erfolgte in der Anthologie »*Abends um acht*« – *Schweizer Autorinnen und Autoren in Berlin. Ein Lesebuch.* Hg. von Beatrice von Matt und Michael Wirth. Zürich und Hamburg: Arche Verlag 1998, S. 118–124.

Danksagung

Der Verleger dankt Hans Ruprecht aus Bern dafür, dass er ihn mit dem Werk von Christoph Geiser bekannt gemacht hat, und für seinen unermüdlichen Einsatz, ohne den es nicht zur Realisierung dieser Werkausgabe gekommen wäre.

Der Verlag dankt für ihre freundliche Unterstützung:

Kanton Bern

Stadt Bern

Sebastiana Stiftung

Burgergemeinde Bern

Gesellschaft zu Zimmerleuten Bern

Gesellschaft zu Schuhmachern Bern

Donation Prof. Dr. Maria Bindschedler

Stiftung Pro Scientia et Arte

secession